U0465303

中央高校基本科研业务费专项资金资助（MUC2011ZDKT16）
Supported by *the Fundamental Research Funds for the Central Universities*

汉语国际传播与国际汉语教学研究丛书　总主编：吴应辉
Series of Chinese Language Globalization & International Chinese Language Teaching Studies
Chief Editor: Wu Yinghui

第二届汉语国际传播学术研讨会论文集

A Collection of the 2nd Conference on Chinese Language Globalization Studies

吴应辉　刘玉屏　主编
Chief Editors: Wu Yinghui & Liu Yuping
央　青　副主编
Deputy Chief Editor: Yang Qing

中央民族大学出版社
China Minzu University Press

图书在版编目（CIP）数据

第二届汉语国际传播学术研讨会论文集/吴应辉、刘玉屏主编.
—北京：中央民族大学出版社，2013.11
ISBN 978-7-5660-0553-3

Ⅰ.①第… Ⅱ.①吴…②刘… Ⅲ.①汉语—国际交流—学术会议—文集 Ⅳ.①H195-53

中国版本图书馆 CIP 数据核字（2013）第 274576 号

第二届汉语国际传播学术研讨会论文集

主　　编　吴应辉　刘玉屏
责任编辑　戴佩丽
封面设计　布拉格
出 版 者　中央民族大学出版社
　　　　　北京市海淀区中关村南大街 27 号　邮编:100081
　　　　　电话:68472815(发行部)　传真:68932751(发行部)
　　　　　　　68932218(总编室)　　　68932447(办公室)
发 行 者　全国各地新华书店
印 刷 厂　北京宏伟双华印刷有限公司
开　　本　710×1000（毫米）　1/16　印张：10.25
字　　数　130 千字
版　　次　2013 年 11 月第 1 版　2013 年 11 月第 1 次印刷
书　　号　ISBN 978-7-5660-0553-3
定　　价　30.00 元

编委会

主　　编： 吴应辉　刘玉屏

副 主 编： 央　青

参编人员：（按姓氏音序排列）

陈作宏（中央民族大学）

冯凌宇（中央民族大学）

江傲霜（中央民族大学）

李朝辉（中央民族大学）

刘玉屏（中央民族大学）

马秀丽（中央民族大学）

吴应辉（中央民族大学）

央　青（中央民族大学）

出版说明

本书是由中国语文现代化学会汉语国际传播研究分会主办、中央民族大学承办的第二届汉语国际传播学术研讨会的论文集。本次会议于2013年7月20—21日在北京召开，来自美国、英国、加拿大、法国、韩国、日本、泰国、缅甸、土耳其、越南、马来西亚、塔吉克斯坦、中国大陆、香港、台湾等16个国家和地区的128位代表参加了本次。会议主要议题：（一）汉语国际传播方略研究；（二）汉语国际传播国别问题研究；（三）汉语国际传播体制、机制与发展问题研究；（四）汉语教学的本土化问题研究；（五）汉语国际传播与国家软实力建设研究；（六）汉语国际传播的典型个案研究；（七）汉语国际传播的有关标准研究；（八）汉语国际传播的项目评估体系研究；（九）现代教育技术与汉语国际传播研究；（十）汉语国际传播史研究。

大会共收到参会代表提交的论文60余篇，组委会从中筛选出57篇论文在会议上进行了报告。收集在本书中的论文只是报告论文中的一部分，另有一部分论文刊发在《汉语国际传播研究》2013年第2辑中。

《第二届汉语国际传播学术研讨会论文集》编委会

2013年9月

目 录

韩国高中汉语教学的问题、对策及发展前瞻[①]

于鹏　焦毓梅

天津师范大学国际教育交流学院

韩国德成女子大学中语中文学科

内容提要：韩国汉语教学发展取得了巨大的成就，目前已有的研究成果中较少学前儿童、中小学生和老年学习者的系统研究。

本文通过对 Incheon Bupyeong 高中生的调查问卷，分析了汉语教学中存在的问题，从教师、学生、教学法、教学材料角度探讨了解决办法，并展望了韩国高中汉语的发展。

关 键 词：韩国；高中；汉语教学；对策

一、问题的提出

中国与韩国同处亚洲东部，是一衣带水的近邻，千百年来，两国在政治、经济、文化等方面的交流频繁而密切。但是由于政治原因，自20世纪50年代起，中韩两国开始出现隔阂对立，直到1992年8月24日中韩外交关系的建立，两国政治、经济和文化交流才步入了崭新的轨道。

由于彼此间深厚的历史文化渊源，坚冰一旦打破，两国间的交流立即全方位展开，“汉语热”也在韩国逐渐升温。自20世纪90年代中期起，韩国留学生人数一直稳居外国来华留学生首位。以2011年为例，在华外国留学生中，韩国留学生人数最多，有62442人，[②] 远远超过位

---

① 感谢韩国仁川富平高中郑元淳老师及一年级1—3班100名学生的大力协助。

② 中国高等教育学会外国留学生教育管理分会统计数据，http：//cafsa. org. cn/。

居第二位的美国留学生，是其 2.7 倍。截至 2011 年年底，韩国已经建成 17 所孔子学院和 4 所孔子课堂，分布在韩国的首尔、仁川、大邱、大田、光州、釜山等主要大中城市，数量位居亚洲第一。此外，到 2011 年，韩国已拥有名为中语中文学科、中国语科、中国语学科、中国学科、中国文化学科、中国通商学科等专业的本科院校 140 所，专科院校 57 所，登记在学人数 3980 人，至于开设汉语选修课、兴趣课的中小学则数不胜数。①

随着中韩政治、经济、文化交流的不断深入，对韩汉语教学领域也呈现出一派生机勃勃的景象，考查韩国留学生学习汉语的特点，从语音、词汇、语法和教材编写等方面开展有针对性的研究及中韩对比性的研究逐渐增多，并取得了大量研究成果。但略有遗憾的是，在众多的研究中，研究对象多为韩国成人，特别是韩国大学生。对其他人群，如青少年则关注极少。

韩国高中汉语教学近年来蓬勃发展，但由于属于非专业学习，学生的学习目标、教学计划和教学方法等均不同于韩国大学的汉语教学。加之中学汉语教学起步晚，发展时间很短，教学不够系统规范以及有关学生、教师及教学内容等的数据信息不易统计等多方面因素，因此目前少有学者对韩国高中汉语教学的情况进行综合分析和系统研究。

我们认为只有全方位地对韩国汉语教学进行系统梳理，理清脉络，才有助于今后韩国汉语教学的深入开展。因此，我们在对韩国高中汉语教学情况进行全面了解的同时，选取具有代表性的一所高中进行系统调查，并从学生、教师、教材和教学等方面进行分析，力求揭示韩国当前普通高中汉语教学现状，找出当前高中汉语教学中存在的主要问题，探索对策，并展望今后韩国高中汉语教学发展动向。

二、韩国高中汉语教学的历史和现状

（一）韩国中小学汉语教学的历史

韩国中小学汉语教学的历史已逾百年，其间经历了诞生、发展、繁

① 于鹏（2011）《韩国留学生阅读汉语文本的眼动研究》，北京大学出版社，第 3－4 页。

荣、衰落和再发展的曲折道路。

100 多年前，随着华人移居韩国人数的不断增多，催生了韩国近现代的汉语教学，教学对象主要是华侨子女。1902 年，仁川华侨学堂最先成立，当年有 30 名学生入学。1909 年，汉城华侨小学成立，这是得到韩国政府允许的第一所外国人学校。1948 年，在汉城华侨小学的基础上设立了汉城华侨初级中学。1951 年 9 月 1 日，仁川华桥小学和仁川中山中学合并，成立仁川华侨中学。汉城华侨中学和仁川华侨中学是韩国规模最大的华侨学校。

19 世纪六七十年代，由于华侨数量的增多，华侨学校的学生人数迅速增加。特别是汉城华侨学校（小学和中学）的规模和影响不断扩大，在学校发展的鼎盛时期（1960—1970），学生人数曾达到 3000 多名。到了 20 世纪 70 年代，华侨在韩国共设立了 70 多所学校（小学和初高中），学生人数最多时超过 1 万名。华侨学校的中小学汉语教学经过了 70 年代的鼎盛时期逐渐走向衰弱，学习汉语的人数骤减，这主要是由于以下原因：（1）汉语在韩国的影响力不够，社会普及率很低，远远低于英语、德语、法语和日语等，学习者主要是华侨子弟，真正的韩国青少年极少主动学习汉语。（2）除了华侨学校的汉语教学一枝独秀外，其他中小学很少参与，因此只有点，没有面，教学不成规模，未能形成点面结合的趋势。（3）韩国政府对汉语教学采取不支持的态度，华侨学校的学历不被韩国政府承认，华侨学校的学生不能升入韩国学校，而且也不能自由转学到韩国中小学。当部分华侨子弟转入韩国籍后，只能进入韩国小学和中学，而韩国中小学内不开设汉语课。

中韩建交以后，来韩国留学、访学和务工的中国人逐渐增多，这些人给韩国华侨华人社会注入了新的活力，推进了韩国汉语教学市场的复苏。越来越多的韩国儿童开始主动学习汉语普通话拼音和简化字，于是韩国真正意义的青少年汉语教学开始展开。

（二）韩国高中汉语教学的现状

根据韩国教育课程大纲的规定，普通初、高中学生的第一外语是英语，除此以外，初中学生还要选择一门外语作为“生活外语”，高中学生要选择一门外语作为“第二外语”。目前“生活外语”和“第二外语”包括日语、汉语、德语、法语、俄语、西班牙语、阿拉伯语、越南语 8 种。

在中韩建交以前，韩国高中开设的第二外语课只限于德语、日语、法语等少数几种，虽然规定汉语是第二外语中的一种，但实际开设汉语选修课的普通中学极少。中韩建交以后，特别是进入新世纪以后，中韩两国关系日益密切、贸易往来愈加频繁、经济领域的联系不断扩大，这些因素有力地推动了韩国高中的“汉语热”，很多家长和学生认识到了汉语的重要性，也普遍要求增设汉语课程。

据韩国教育部对普通高中和商业高中的调查，2002 年时，在全国 3100 多所高级中学中，开设汉语作为第二外语的只有 351 所。随着“汉语热”的不断升温，韩国教育部在 2005 年提出在全国中小学普遍开设汉语课。截至 2011 年，韩国已有近 1000 所高中和 100 多所初中将汉语列为第二外语课程。

近年来韩国高中第二外语发展变化情况详见表 1。[①] 由表 1 可知，目前韩国高中第二外语选修课中，汉语已经超过原来主要的第二外语课程德语、法语等，成为学习人数仅次于日语的语言课程。

表 1　近年来韩国高中第二外语课开设情况

语种	时间类别	2004 年	2005 年	2006 年	2007 年	2008 年	2009 年	2010 年	2011 年
日语	学校数	1033	1104	1145	1174	1214	1266	1044	1322
	学生数	249584	247295	253597	258211	296457	306534	237205	292899
	教师数	1699	1809	1859	1949	1992	2025	2007	1792
汉语	学校数	482	605	685	736	781	826	688	911
	学生数	72858	97681	108610	105481	121822	130218	104950	144149
	教师数	585	695	789	836	904	963	921	780
德语	学校数	342	281	240	204	190	159	119	128
	学生数	39327	31023	25727	22124	21004	19008	12579	14206
	教师数	393	327	262	219	185	163	139	83
法语	学校数	237	222	193	177	165	157	126	144
	学生数	28457	25343	22175	19910	19973	19959	15058	18624
	教师数	278	260	213	193	169	164	139	111

① 根据韩国教育统计网 http：//std. kedi. re. kr 的数据整理。

续表

语种	时间类别	2004 年	2005 年	2006 年	2007 年	2008 年	2009 年	2010 年	2011 年
西班牙语	学校数	29	33	31	26	24	19	20	29
	学生数	4303	4034	4129	3575	3885	3510	2390	3252
	教师数	37	39	37	33	31	32	29	12
俄语	学校数	11	10	9	10	7	5	8	8
	学生数	1219	1210	797	844	781	835	755	800
	教师数	15	12	9	10	9	11	5	4
阿拉伯语	学校数	1	—	—	—	—	—	—	3
	学生数	134	—	—	—	—	—	—	93
	教师数	1	—	—	—	—	1	2	—

比较韩国普通高中开设汉语课程的情况，可以发现各校情况比较接近。大部分高中从二年级开始开设汉语课，每周安排 2 课时或者 3 课时。一般来说，文科二年级一般 3 课时（约一年 102 个小时），而理科二、三年级，一般是 2 课时。上述所说的只是普通高中，不包括专门学习外语的外国语高中。

韩国教育机构将“汉语”设置为要求高中生选修的第二外语课程，反映了当前遍及世界的汉语热潮及韩国社会的普遍要求，极大地促进了对韩汉语教学的普及和推广。但是在看到开设日、德、法、俄等课程的学校数和学生人数近年来逐渐缩减，而开设汉语课程的学校数和学生人数逐年增加的同时，我们也应该清醒地认识到，从韩国高中学习第二外语的学生数和授课教师数等指标来看，日语均是汉语的两倍以上。虽说目前高中学生不能自主选择学习哪种第二外语，一般都是被动地接受学校的安排，但这一数据也在一定程度上提示我们对于当前韩国高中汉语教学的发展不能盲目乐观。

三、当前韩国高中汉语教学的主要问题

在 2011 年 9 月末，我们选取韩国仁川富平男子高中一年级学习汉语的全体学生作为调查对象，进行了一次问卷调查。之所以选择该校，主要考虑它在学生组成、汉语教学课程设置、课时安排、教学内容、评估方式等方面均极具代表性，希望通过个案分析，发现当前韩国高中汉

语教学中一些潜在的问题。我们认为虽然调查仅限于一所高中，但依然能反映出韩国高中教学中一些普遍存在的现象和问题。综合分析调查结果，发现当前韩国高中汉语教学中存在的主要问题主要有：

（一）学生学习动机不强

学习动机是推动学生进行学习活动的内部动力，是一种非智力因素，间接对学习起促进作用。考察学生学习汉语的动机，发现选择“喜欢，觉得汉语有意思”的学生只占11%；而选择“不喜欢，认为是学校的安排”的学生则高达72%，即绝大部分学生属于被动学习。通过调查访谈，我们发现学生学习动机不强的原因主要有两方面：一是和目前韩国大部分高中一样，富平高中学生不能自主选择学习哪种第二外语，属于被动地接受学校的安排，学生学习汉语并不出于自愿；此外韩国的教育也属于应试教育，汉语不是高考外语语种，因此一些学生认为学习汉语没有用，不愿在汉语方面投入时间和精力。二是普遍存在畏难情绪，问卷发现47%的学生觉得“汉语太难”。

（二）学生学习汉语的难点极为分散

考察学生学习汉语的难点，发现感觉全部都难（语音、语调、汉字、词汇、语法）的学生最多，占48%；汉字最难的占22%；语音和声调最难的占23%。由此可知，学生对难点的反应是多方面的。有人认为韩国属于汉字文化圈，学生应对汉字感到比较熟悉，但实际情况并非如此，韩国学生虽然在小学时就开始接触汉字，可在学习汉字的过程中，“汉字难学”的印象也在不断加深，这种负面情绪也不可避免地被带到汉语学习中。而且，韩国使用繁体字，学习简体字时，很多学生认为这是两种不同的文字，所以也给学习汉字带来一定困扰。另外中韩两种语言在声调和语序上差异明显，韩语中没有声调，学生初学汉语时对汉语的四声很不习惯，加上韩中语序上的差别，所以学生初学时普遍感到汉语与母语存在极大差异，认为汉语是复杂的语言，很难掌握。

（三）缺乏有针对性的汉语教材

在回答“对现在使用的教材满意吗”这一问题时，选择满意的学生只有17%。调查学生对教材不满意的方面时，有57%的学生觉得现在的教材没意思。其他主要不满还包括难度跨越大（15%）、过于重视发音（6%）、内容陈旧、适用性不强（5%）等。目前韩国高中使用比例最高的是朴德俊教授等编写的《中国语Ⅰ》和《中国语Ⅱ》，2002年由正进出版社出版。十余年来，这本教材基本内容改动不大，因此现在看来存在着内容过时、例句生硬不准确，甚至个别语句不符合现代汉语语法等问题（因为编者是在台湾学习汉语的，他们虽然汉语理论知识比较丰富，但当时所学内容与内地的普通话略有差异，而且教材中设计的一些词语和交际内容，在现在看来已经略显不合时宜了）。由此可见，编写和使用新教材迫在眉睫。编写者不能只由韩国大学汉语权威构成，还应该包括中学一线教师乃至中国学者，教材内容也应该考虑高中学生的实际水平和学习要求，考虑时代的变化，体现当前中国人日常生活中最常用的内容。

（四）教师课堂教学形式略显单一

韩国高中汉语教师主要是韩国教师，中国教师极少。这里有两方面原因：一是学生汉语水平较低，需要教师使用韩国语进行讲解，而中国教师一般韩国语水平较低，师生双方沟通不畅的话，教学效果不一定好；二是目前高中教学内容只是初级汉语，不需要太高的听、说、读、写水平，韩国教师一般都能胜任自己的工作。问卷调查显示出77%的学生对教师的教学感到满意。调查学生对教师不满意的原因，发现其中很大一部分并非是对教师本身不满意，而是对课程设置、课堂教学等方面的不满延伸而来。其中主要不满有两方面：一是学生希望能由中国教师来授课，渴望与中国人积极实际沟通；二是认为教师课堂教学形式单一，缺乏趣味性。近年来随着科技的进步，在原有的使用词语卡等教具、做游戏、播放音乐等传统教学方式的基础上，多媒体教学被广泛应用到语言教学中。加上韩国电子产业发达，应用广泛，学生早就不满足于课堂上读课文、进行会话的单一教学形式，而目前高中汉语教学多是大班授课，加上汉语课时有限，因此教师教学方式相对单一，视频、PPT等多媒体教学形式在课堂教学中的使用率极低。

四、韩国高中汉语教学对策及发展前瞻

（一）韩国高中汉语教学对策

1. 缓解学生畏难情绪

调查显示，畏难情绪是影响学生学习汉语的最大障碍，因此教师应采取有效手段尽可能缓解学生的畏难情绪。我们认为教师应首先关注学生非智力因素，即思维和记忆等智力因素以外的一些间接参与学生语言认知过程的个性心理因素，如兴趣、动机和情感等，在教学中通过比较中韩语音、汉字的异同，先同后异、由易到难展开，培养学生的自信心和成就感。

如在语音方面，通过中韩声母、韵母的对比，找出学生声母学习的难点 zh、ch、sh、r、f 及韵母学习的难点 er、ü 等，在此基础上由浅入深地展开教学。当学生已经掌握非难点发音后，再有针对性地进行难点训练。在声调方面，可采取先从一声、四声入手，然后再二声、三声的办法。针对学生对汉字的畏难情绪，教师可在学生学习汉字之前，用生动有趣的汉字知识激发学生的兴趣，通过介绍汉字的来历和构型特点，进行中国现行简化字和韩国现行繁体汉字的比较，消除学生对简化汉字的陌生感，培养学生学写汉字的兴趣。教师不能因汉字难教或者自己对汉字教学不擅长而减少甚至忽略汉字的教学，要保证每节课都留出一定的时间进行汉字的书写和强化复习，采取各种有趣的方法和技巧帮助学生学习和记忆汉字，并遵循汉字规律和汉字认知规律，按照先易后难、由简到繁的顺序进行教学。

教学中要善于发现学生（特别是自信心动摇的学生）的自身优势，因势利导，使学生觉得“我能行”，摆脱自卑心理，做好克服各种困难的准备，并通过学习取得成功的体验，使学生形成“汉语学习上的困难，只要正确面对，都是可以战胜的”这样的信念。在树立学生自信心的同时，也应该避免学生产生骄傲、自负等不良心理。教师应督促学生，使他们认识到汉语水平的提高是长期而艰苦的，必须抛弃速成思想。只有在学习中树立了积极的学习态度，才能保持良好的心态，才能养成良好的自我学习的习惯。学生学习汉语的过程不是被动接受教师指

令的过程，而是能动地、有效地调动自我思维的过程。

2. 适当引进中国教师

在韩国高中的汉语教学中，目前中国汉语教师的比例极低。面对韩国学生渴望中国教师进行授课的要求，当前大幅度提高韩国高中内中国教师的数量并不现实，以韩国教师为主的授课方式还将在今后很长一段时期内延续。但开设汉语课程的高中可通过与所在城市的孔子学院、孔子课堂联系，引入中国志愿者或教师来校进行语言讲座或文化宣传活动，丰富当前的教学内容。如果与相关机构建立固定联系，还可尝试由中国教师与韩国教师穿插授课。近年来有一大批中国汉语专业的毕业生和志愿者踊跃加入到韩国汉语教学的队伍中，学校也可根据情况聘请临时教师。如果学校条件允许，还可通过加强中韩高中校际交流的形式适当引入中国教师或外派韩国教师进行语言交流。

3. 编写有针对性的高中汉语教材

目前针对韩国成人（特别是大学生）学习汉语的教材不断增多，但那些教材多是通用教材，并不是专为韩国高中学生编写的，实用性和适用性不强，内容不完全适合高中每周 2 学时每学期 150 词左右的教学要求；还有一些内容远离学生生活，不能引起学生的学习兴趣。在现有教材不能满足教学需要的情况下，编写高中汉语专用教材就成为当务之急，但编写教材是一项复杂的系统工程，不能闭门造车，要充分考虑教材的针对性、趣味性和实用性。在韩国，学生缺乏实际使用汉语的环境，教材就必须设置学生感兴趣的环境，设计难易适宜并能调动学生学习兴趣的教学内容，以使学生学以致用。法国教育部汉语总督学白乐桑就曾指出“（如果）有兴趣有环境，汉语并不难学”（白乐桑，2005）。

教材的研发还要考虑韩国应试教育的现状，虽然以应试为目的的汉语教学是汉语教育中的一个“异类”，但却是韩国汉语教学的重要组成部分。获得了较高等级的汉语水平（HSK）证书，可在一定程度上为高中学生升入大学加分，因此如果教材能够与 HSK 考试接轨，则会增强学生的学习动机。目前新 HSK 考试大纲规定一级 150 词、二级 150 词、三级 300 词，同时规定了相应的语法及交际内容。这与韩国高中第二外语教学共学习两学年、每学年 300 词的要求极为接近，如果高中教材的编写能结合新 HSK 考试的基本词汇及交际内容展开，则会使教学取得事半功倍的效果。

4. 教学中积极探索并尝试多种教学方式

随着汉语学习内容难度的增加，学生往往觉得枯燥乏味，因此教师在教学方法上必须做到寓教于乐，注意教学内容的趣味性和实用性。在教学过程中应尽可能利用生动有趣的教学内容与不断变化的教学方法引起学生的学习兴趣，并注意与实际生活紧密联系，激发他们内在的学习动机。由于高中学生汉语水平较低，学习时间有限，因此教师授课一定要掌握好语速和节奏，并尽量避免一次出现过多的生词，避免让学生产生畏难情绪。通过有目的地设置问题，激发学生兴趣，吸引学生主动学习。

在保证教学目标的同时，尽可能多地了解学生的兴趣所在，充分利用现代化的多媒体设备，通过音乐、视频、幻灯片等手段将中国的风土人情、中国文化的博大精深展现在这个完全没有文化环境的第二语言课堂，使更多的学生喜欢中国，从而喜欢汉语，因为喜欢汉语而更加努力地学习。同时，可以创设语言类、角色类、图像类、游戏类等多种情境来进行教学，寓教于乐。

教学中还应注意内外结合，合理运用鼓励、表扬和批评。对学生一味地批评并不一定产生效果，而适时的鼓励和表扬往往能起到意想不到的作用。对成绩优秀的学生进行物质奖励；考试或作文讲评后通过通报表扬和口头表扬对学生进行精神鼓励；树立学生榜样，请他们介绍学习经验等做法可体现学生的价值，有助于创造良好的学习环境，在班集体中形成比、学、赶、帮的良好学习气氛，这在很大程度上提高了学生学习汉语的积极性。另外，对学生必须严格要求，制定具体的考核目标，加强监督机制，做到奖罚分明。

（二）高中汉语教学发展前瞻

虽然目前韩国中学汉语教学呈现出一片欣欣向荣的景象，但汉语教学的发展任重而道远。通过前面的调查和分析，我们应该在“汉语热”的背后清醒地认识到目前韩国高中汉语教学中还有很多问题没有解决。如何把握机遇，克服今后发展道路上的种种障碍，不断深化汉语教学，将是中韩汉语教育界今后所要共同面对的问题。

韩国高中汉语教学的开展只有短短10年时间，目前刚刚起步，中韩两国经贸往来的不断深入，将进一步带动韩国中学的“汉语热”。随着中韩政治、经济、文化等方面交流的不断深化，我们可以预见在今后很长的一段时期内，韩国高中的“汉语热”还将继续升温，学习汉语的韩国高中学生将不断增加，汉语的重要性有望超过日语，成为在韩国仅次于英语的第二外语。

参考文献：

[1] 于鹏、焦毓梅（2008）韩国大学生阅读汉语说明文的眼动研究，《汉语学习》第1期。

[2] 焦毓梅、于鹏（2010）韩国汉语教育现状分析及发展前瞻，《长江学术》第3期。

[3] 于鹏（2011）《韩国留学生阅读汉语文本的眼动研究》，北京：北京大学出版社。

[4] 王军（2004）韩国高中汉语教学概况及师资分析，《国外汉语教学动态》第4期。

作者简介

于鹏，博士，教授，天津师范大学，主要从事对外汉语教学研究。

焦毓梅，博士，教师，韩国德成女子大学，主要从事汉语词汇及教学研究。

阿拉伯国家孔子学院发展情况初探

刁　俊　刘文燕

宁夏大学孔子学院事务联络办公室

宁夏大学国际教育学院

内容提要：阿拉伯国家孔子学院是全球孔子学院建设中的重要组成部分，文章在初步分析了阿拉伯国家孔子学院建设发展成果及现阶段存在的问题之基础上，对今后的发展提出建议。

关 键 词：阿拉伯国家；孔子学院；发展情况

党的十八大报告指出，开创“中华文化国际影响力不断增强的新局面”，这是积极开展汉语国际推广和孔子学院事业重大机遇。截至2012年年底，我国已在108个国家建立了近400所孔子学院和500多个中小学孔子课堂，注册学员50万人；网络孔子学院开通了英、法、德、西、日、俄、韩、泰、阿拉伯语9个语种，注册用户覆盖67个国家；广播孔子学院在12个国家设立了广播孔子课堂。其中，阿拉伯国家作为汉语国际推广和孔子学院事业发展的重要阵地之一，具有较大的提升空间。

一、阿拉伯国家孔子学院概况

阿拉伯国家一般指22个分布于西亚、非洲，以阿拉伯民族为主体，通用阿拉伯语，有着较强文化、宗教、政治、经济联系的国家。阿拉伯国家总人口约3.6亿，占世界总人口的5%。截至2012年3月，经国家汉办批准，共在7个阿拉伯国家建立了9所孔子学院，1所广播孔子课堂（请见表1）。

表1　阿拉伯国家孔子学院（课堂）表

序号	孔子学院/广播孔子课堂名称	所在城市	签署协议时间	外方合作单位	中方合作单位
1	圣约瑟夫大学孔子学院	黎巴嫩贝鲁特	2006-5-22	圣约瑟夫大学	沈阳师范大学
2	苏伊士运河大学孔子学院	埃及伊斯梅利亚	2007-3-3	苏伊士运河大学	华北电力大学
3	喀土穆大学孔子学院	苏丹喀土穆	2007-10-25	喀土穆大学	西北师范大学
4	穆罕默德五世大学孔子学院	摩洛哥拉巴特	2008-3-27	穆罕默德五世大学	北京第二外国语学院
5	安曼 TAG 孔子学院	约旦安曼	2008-9-18	塔勒利·阿布·格扎拉国际集团	沈阳师范大学
6	开罗大学孔子学院	埃及开罗	2009-9-24	开罗大学	北京大学
7	迪拜大学孔子学院	阿联酋迪拜	2010-1-26	迪拜大学	宁夏大学
8	扎伊德大学孔子学院	阿联酋阿布扎比	2010-7-4	扎伊德大学	北京外国语大学
9	约旦费城大学孔子学院	约旦杰拉什	2011-9-15	费城大学	聊城大学
10	斯法克斯广播孔子课堂	突尼斯斯法克斯	2009-11-4	斯法克斯中阿友好俱乐部	国际广播电台

二、阿拉伯国家孔子学院总体特点

（一）外方合作机构开展汉语国际推广基础良好

已建成的孔子学院（课堂）外方合作机构大多是所在国著名学府，在该国经济社会发展中具有重要地位，是该国开展汉语教育及研究的主要力量之一，很多学校建有中文系及相关研究机构，拥有较强教学、科研和中华文化推广能力。开罗大学是埃及高等教育的典范，并于2004年建立了中文系，开展汉语及中国文化的教学及研究。2007年开罗大学组队参加了在北京举行的国际群英辩论赛，展示了汉语魅力和自身的汉语造诣，受到观众和评委的一致好评；苏丹喀土穆大学是苏丹国内首屈一指的高等学府，该校中文系的办学历史可以追溯到 1993 年；摩洛哥的穆罕默德五世大学是现任国王穆罕默德六世的母校，校友更是遍布该国上流社会，该国经济收入与该校有极大关联。

（二）孔子学院建设成果丰硕

阿拉伯国家孔子学院起步较晚，但发展势头迅猛，在汉语教育和文化推广方面均取得重要成果。在第五届孔子学院大会上，开罗大学孔子学院外方院长李哈布·迈哈茂德、苏伊士运河大学孔子学院中方院长武彦君分别荣获孔子学院“先进个人”光荣称号。在刚刚结束的第七届孔子学院大会上，苏伊士运河大学孔子学院获得“先进孔子学院”光荣称号。

1. 招生规模不断扩大，招生层次日趋丰富

仅 2012 年，9 所孔子学院开设近 300 个班次，招收学员人数近 5000 人次。与往年相比，学习者年龄跨度增大，辐射人群数量激增，中高级学习者数量有了一定增长，部分孔子学院开设了学分课程，为当地政府机构开设汉语培训课程，进一步走进当地社区、融入所在学校。

2. 因地制宜开展汉语语言教育

在做好各教学点正常汉语课程教学外，立足当地汉语学习者需求，开设门类较为丰富的汉语课程。如苏伊士运河大学孔子学院在苏伊士苏哈那中埃经贸合作区设置培训中心，面向当地中资企业的埃方员工开办基本汉语培训课程，面向本校中文系、旅游学院、商学院学生开设学分制汉语课程和 HSK 考试专题辅导；埃及开罗大学孔子学院依托当地丰富的旅游资源，开设了汉语导游强化课程；约旦安曼 TAG 孔子学院面向商务应用开办商务汉语课程；黎巴嫩圣约瑟夫大学孔子学院开办中医针灸课程。

3. 大力拓展办学新模式

（1）全力融入当地公务员培训系统。阿联酋迪拜大学孔子学院积极与迪拜警察学院联系，建立战略合作伙伴关系，促进汉语课程进入迪拜政府公务员培训系统；苏丹喀土穆大学孔子学院着重发挥示范带动作用，为苏丹国防部信息通讯中心、财政部、司法部、总统培训部等政府机构开设系列汉语培训班。

（2）加速推进与当地教育系统合作。阿联酋迪拜大学孔子学院在当地政府支持下，通过开设舒鲁克教学点，积极推动汉语课程正式纳入当地小学教育体系。阿联酋扎伊德大学孔子学院布莱顿学校教学点将汉语列入小学必修科目、中学选修科目。苏丹喀土穆大学孔子学院协助苏丹大学、非洲大学、Ahlia 大学建设中文系，经过苏丹教育部批准，在 Arrisala、KIPS 两所重点中学开设汉语必修课。约旦费城大学孔子学院推动伊斯兰教育学院、安曼巴克洛瑞学校将汉语纳入全日制教学必修课课程。

（3）融入所在国、高校和社区，服务当地经济社会建设。摩洛哥穆罕默德五世大学孔子学院与该国国家干部培训学院合作，组织“摩中青年联谊会”，增进彼此交流；推动该校设置中国语言文化本科专业，系统开设中国语言、文化、历史、地理、写作等课程。埃及开罗大学面向该校教师开设教授汉语初级班，进一步加强汉语及中国文化在学校的传播，并通过教授们的言传身教辐射更多的学习人群。阿联酋迪拜大学孔子学院经该校学术委员会批准，开设中国文化学分课程，广受该校师生欢迎。阿联酋扎伊德大学孔子学院和当地慈善组织合作，为当地相关机构编辑出版饮食类图书提供素材，并将所得善款捐助当地慈善机构。约旦 TAG 孔子学院正式与约旦旅游局签署协议，开设特色导游培训班，切实提高当地导游的汉语交际能力。约旦费城大学孔子学院开设“中国之行语言强化训练与文化咨询项目”，为有意与中国开展经贸、交流合作的单位或个人提供语言培训与信息咨询“跳板式”服务。黎巴嫩圣约瑟夫大学孔子学院在校内精心打造了“中国花园”，提供了一个了解中国、学习休憩的良好场所，国家汉办许琳主任和黎国文化部长出席剪彩仪式。

4. 扎实提高汉语语言教学本土化水平

建设一支数量稳定、水平优良的本土师资队伍，是推动汉语教育及中国文化在当地传播的坚强基础；探索符合当地民众学习习惯的教学方法，编写针对性和实用性强的语言教材，是推动汉语教育及中国文化在当地传播的重要保障。为此，各孔子学院深挖潜力，通过各种途径着力提高本院教学的本土化水平。

（1）执行国家汉办/孔子学院总部举办的本土师资培训项目。据不完全统计，2012 年，共有 100 多名本土教师在当地或来华参加教师及教材培训。其中苏丹两位部长级官员参加了喀土穆大学孔子学院来华本土师资教材培训项目。

（2）依托校际合作，培训本土师资。西北师范大学对外汉语系和喀土穆大学中文系建立点对点的合作交流机制，喀大中文系学生可以通过校际合作渠道来华学习汉语语言知识和教学技能，回国后投身汉语国际推广事业。

（3）开展专题讲座、研讨，共同促进本土化教学水平提高。埃及开罗大学孔子学院先后举办了“开罗大学汉语教学经验暨开罗大学孔子学院 5—10 发展设想研讨会”、“首届埃及汉语教材使用及编写研讨会”、“中阿文明对话——语言文化国际研讨会”，邀请了我外交部原副部长杨福昌先生及相关教授开展有关学术交流，进一步提升了孔子学院的办学品位和学术层次。2012 年 1 月，埃及苏伊士运河大学孔子学院举办了首届埃中语言与文化论坛，吸引了来自中国、埃及、美国、韩国、越南等国家 56 位专家与会，收到论文五十余篇，编辑出版《首届埃中语言与文化论坛论文集》，举行如此高规格的语言和文化论坛在非洲地区尚属首次，极大地开阔了本土师资的视野，对阿拉伯国家汉语教学本土化水平提高有着巨大的指导意义。2013 年将继续举办第二届论坛。

5. 汉语水平测试工作和奖学金工作不断突破

各孔子学院高度重视汉语国际推广测试工作和奖学金工作。各孔子学院均开设了汉语水平考试（HSK），部分孔子学院还开设了中小学生汉语考试（YCT）。2012 年开设考试近 20 次，参加考试人数达到近 700 人次，获得孔子学院奖学金和中国政府奖学金学生人数较上一年度有较大增长。

6. 文化推广活动如火如荼

孔子学院是践行文化走出去，传播中华文化，展示我国各项事业建设成就的大舞台。各孔子学院高度重视，多次深入社区、学校、企业、政府部门，开展了内容丰富、形式多样的文化推广活动。仅 2012 年，共举行各类汉语国际推广活动近百次，受众近 2 万人次。有的文化活动经过几年的系统推广，已逐渐形成自己的特色和品牌。各孔子学院积极参加国家汉办组织的“汉语桥”比赛和夏令营活动，不断增强汉语和中国文化对孔子学院学生的吸引力。

2011 年，埃及、苏丹孔子学院受国家汉办委托，参加第 43 届开罗国际书展和第 7 届喀土穆国际书展，展示了我国汉语国际推广领域的优秀力作，展现了我国文化出版事业的勃勃生机，有效缓解了当地民众缺乏汉语图书的问题，受到了当地民众的热烈欢迎。

（三）阿拉伯国家孔子学院发展存在的问题

1. 孔子学院布局较为不均

目前全世界 50% 以上的国家和地区建有孔子学院、孔子课堂，22 个阿拉伯国家中只有 7 个国家建有孔子学院或广播孔子课堂，占整个阿拉伯国家总数的 31.8%，其中西亚的阿拉伯国家中孔子学院布局工作相对更加滞后，只有 25%。随着中国和阿拉伯国家全面交流的日益密切、中阿新型伙伴关系的建立、阿拉伯国家实施“向东看”战略、“中国已同所有阿拉伯国家签订了《文化合作协定》”，在阿拉伯国家推进孔子学院事业发展空间很大。

2. 生源规模有待进一步扩大

虽然阿拉伯国家孔子学院工作有了较大提升，但生源规模始终是制约孔子学院在该地区进一步发展的瓶颈问题。根据笔者初步了解，缺少有关中国的有效宣传、自身缺乏了解中国的现实需求、没有明确学习动机是限制生源规模的重要原因。如何加大有效宣传，激发民众学习汉语热情是亟须破解的难题。

3. 教学和科研水平提升空间较大

阿拉伯国家汉语教学开展历史相对较短，存在规模较小、本土师资水平不高、教法相对滞后、教材特点不够鲜明及科研水平较低等问题。教材研发和出版方面，经笔者对中山大学国际汉语教材研发与培训基地开发的全球汉语教材库进行的统计，目前已出版的阿文版汉语教材约 20 种，但多为统编教材，不是以阿拉伯国家汉语学习者为第一对象设计，存在话题针对性不强、地域特点不突出等问题，网络教学、远程教学有待进一步加强。科研方面，仅有《迪拜汉语教学环境调查研究》、《母语为阿拉伯语的学生学习汉语的难点》、《埃及孔子学院开展汉语教育特色项目的实践与思考》等少数论文，研究面较窄且缺乏持续深入研究，尤其对阿拉伯国家汉语学习者的汉语学习和习得研究不够，对汉语国际推广在该地区的理论支持不足。

三、关于阿拉伯国家孔子学院建设的建议

（一）找准发展类型，制定中长期规划

国家高度重视孔子学院工作和汉语国际推广事业的发展，国家汉办/孔子学院总部为充分发挥孔子学院这一综合文化交流平台的重要作用，提出了教学型、研究型、特色型、教学及文化推广型4种孔子学院发展模式，阿拉伯国家孔子学院要紧紧抓住国家实施“文化走出去”战略这一重大机遇，以所在国汉语学习、研究及文化推广需求为出发点，制定并严格执行符合自身孔子学院发展的中长期规划，推动孔子学院的类型化发展。

（二）多渠道、多方式推开新建孔子学院工作

22个阿拉伯国家在经济、政治、文化等方面水平差异巨大，新建孔子学院工作应充分考虑所在国国情，可通过政府间合作、友好城市、校际合作、校企合作等牵线搭桥，逐步推开。据悉，四川大学等高校拟在阿拉伯国家建立孔子学院。

（三）加快相互交流合作，共同推动教学和科研水平提升

一是依托中外双方学科、人才、科研优势，提升自身内涵建设，并积极为外方相关专家来华开展教学和研究提供帮助。二是与所在国其他相关汉语教学和文化推广单位开展更加广泛的交流和合作，发挥孔子学院语言教学基地和文化传播中心作用，进一步增强孔子学院在当地的影响力。三是加大阿拉伯国家孔子学院之间的横向联系，召开教学研究会和学术交流会，探索更加具有针对性的教学方法，利用网络平台，开展远程教学，提高孔子学院的辐射能力，研发符合阿拉伯国家特色的教学资源（教材），建设阿拉伯国家汉语教学的理论平台，共享发展经验，共商发展之道。四是在条件成熟的时候，建设本土教师的汉语言师范专业。

（四）大力发挥孔子学院校友的积极作用

孔子学院校友是孔子学院培养的合格人才，是潜在的进一步开展汉

语国际推广工作的优质资源，他们较之孔子学院在开展汉语国际推广方面有着巨大的优势，更容易获得当地民众的认同。因此，有条件的孔子学院可以成立校友会或联谊会，建立校友联络机制，发挥校友作用，壮大孔子学院的发展。

孔子学院设立至今不足十年，正处于蓬勃发展的向上期，具有极大的发展空间。阿拉伯国家孔子学院在地区汉语教育和中华文化传播方面做出了重要贡献，也遇到了一些问题，但孔子学院在所在国的不断发展壮大，昭示着孔子学院工作有着可以预见的光明未来。

注释：

1. 本文统计数据除特别说明外，均来源于孔子学院网站，第六届、第七届孔子学院大会交流资料。

2. 本文为 2011 年度宁夏大学社会科学基金研究基金资助项目“迪拜大学孔子学院建设发展研究”（项目编号：SK1171）

参考文献：

［1］中国共产党第十八次全国代表大会报告（2012）。

［2］http：//www. xj. xinhuanet. com/2012 －11/19/c_ 113722546_ 6. htm。

［3］吴文斌（2006）中阿友谊历久弥坚，《人民日报》，5 月 31 日，第 7 版。

作者简介：

刁俊，宁夏大学孔子学院事务联络办公室主任，讲师，硕士，主要从事对外汉语教学研究。

刘文燕，宁夏大学国际教育学院教师，讲师，硕士，主要从事对外汉语教学研究。

土耳其汉语教材的本土化研究

［土耳其］阿里·爱登

中央民族大学国际教育学院

内容提要：随着中土文化交流的日益频繁，土耳其人民学习汉语的热情和需求也日渐高涨。中国人编写的汉语教材和土耳其的文化差距太大，学生不易理解，且篇幅较长，形式简单。土耳其人编写的汉语教材则缺乏系统性。土耳其汉语教材的本土化亟待解决。

关 键 词：土耳其；汉语教材；本土化

一、前　言

长期以来，中土两国一直保持着友好合作关系。上世纪七十年代中土两国建交后，两国的文化交流与合作关系也不断发展。1988 年 3 月，中国文化部长王蒙访土后，土耳其文化和旅游部长梯梯兹、文化部长萨拉尔相继访华。1993 年 11 月，中土两国签署了政府文化合作协定，交流项目包括文化、体育、教育、新闻等领域。此外，北京、上海、天津、西安、日照、鞍山、南京、蚌埠、镇江和盘锦分别与安卡拉、伊斯坦布尔、伊兹密尔、科尼亚、特拉布松、布尔萨、梅尔辛、辛姜、伊兹密特和亚洛瓦结为友好城市①。

随着中土文化交流的日益频繁，土耳其人民学习汉语的热情高涨，土耳其汉语教育现状引起了有识之士的关注。

---

① 人民网资料（2002）。

二、土耳其汉语教育的历史

目前，在土耳其汉语学习的人数日益增多，已发展到10所大学上千学生的规模。安卡拉大学、法蒂赫大学、海峡大学、奥坎大学、中东大学、马尔马拉大学和埃尔吉耶斯大学等都分别开设了汉语专业和汉语选修课，有的大学还开设了汉语硕士专业。其中最富盛名的是四所大学，公立大学有安卡拉大学和埃尔吉耶斯大学，私立大学有奥坎大学和法蒂赫大学。

1935年由土耳其国父凯末尔建立的安卡拉大学，其汉学系是土耳其最早成立的汉语系。汉学系建立之初的目的是用古代汉语的资料来研究土耳其人，即古代突厥人的历史。从1935年到1978年安卡拉大学汉学系教授的都是古代汉语，1979年以后开始教现代汉语。开设的课程有语音、语法、汉字、口语、写作、翻译、历史、文学、哲学等。埃尔吉耶斯大学于1998年建立了汉语系，包括语音、口语、语法、阅读、听力、汉字、写作、翻译等课程。埃尔吉耶斯大学汉学系拥有一个藏书1500册的小型图书馆，也能看到中国电视台的卫星电视，以上设施均为中国政府捐赠。汉学系的学生每年五月份举行别开生面的中国文化日活动[①]。

伊斯坦布尔的法蒂赫大学汉语系建立于1996年，开设的汉语课程包括口语、写作、阅读、听力和翻译等[②]。奥坎大学于2005年建立了汉语翻译系，开始教授汉语。

总体来说，土耳其大学汉学系的老师在教学内容方面比较自由，每门课由主讲老师自己选择教材并决定上课的内容。在课程讲授时，一般由土耳其的老师用土耳其语讲授中国文化和历史。听力、语法、汉字、阅读、汉土翻译等课程一般由土耳其教师授课，而为了使学生的发音和词汇使用更加地道，语音、口语、写作等课程由中国的老师讲授。

随着中土经贸关系快速发展，2005年，土耳其教育部把中文列入

① 施宝义（1989）土耳其的汉语教学，《世界汉语教学》第3期。

② 法蒂赫大学汉语系：http：//chinese. fatih. edu. tr/？hakkimizda&language = EN。

职业高中外语选修课程。

2006 年 9 月，中国汉办和土耳其中东科技大学签署《中国国家汉语国际推广领导小组办公室与土耳其中东科技大学关于合作建设孔子学院的意向书》。中东科技大学孔子学院于 2008 年 11 月正式挂牌成立[①]。2008 年 3 月，中国汉办与海峡大学共同签署了《孔子学院总部与土耳其海峡大学关于合作建设海峡大学孔子学院的协议》。海峡大学孔子学院于 2010 年 4 月举行了揭牌仪式[②]。

在伊斯坦布尔还有一所特殊的语言学校，既有土耳其人在这里学中文，也有中国人在这里学土耳其语。学校的创始人伊凡是一位热爱中国的土耳其人。1997 年他第一次远赴中国，不仅找到了自己的爱情，也因此和中国有了不解之缘。回国之后，伊凡在伊斯坦布尔开办了一所中文学校。在创建伊始，学校也遇到了很多困难。随着中国经济和中土关系的发展，现在伊凡的语言学校已经成为土耳其最大的中文培训学校。

三、土耳其汉语教材存在的问题

教材、教师、教法是教学活动的基本要素，其中，好的教材是教师因地制宜、有的放矢地开展教学活动的有利工具。

在教材使用情况上，2006 年以前土耳其大学主要使用北京语言大学出版社出版的《汉语教程》，2007 年以后，开始使用《新实用汉语课本》。经过调查，我们发现现有教材存在如下问题：

1. 内容涵盖面虽广，但和土耳其的生活和文化差距太大，学生不易理解。

2. 篇幅较长，内容繁琐，对国外一周四节汉语课的教学安排来说显得过多。而且编写者总是设想在一两篇课文中灌输过多的内容，完成过多的任务，这样欲速则不达，其作用适得其反，不符合海外汉语学习的规律，容易造成学习者的疲劳感、厌倦感和恐惧感。

3. 虽然该书也配有录音磁带，但教材形式主要是文本形式，与海

① 第五届孔子学院大会交流教材（2010），第 652 页。

② 第六届孔子学院大会交流教材（2011），第 695 页。

外教材相比，缺乏动漫设计，装帧不够精美，色彩不够丰富，形式比较单一，缺乏趣味性和吸引力，不符合国际一流教材的标准，很难使学生的注意力集中起来，不符合年轻学生追求新奇的性格特点。

在土耳其市场上，另外一部分汉语教材是由土耳其人自己开发研制的。这些教材虽然避免了上述种种形式上的弊端，但在内容上普遍缺乏系统性，入门教材、会话教材居多；针对普通读者的教材多，针对特定群体的教材少，针对土耳其学生的系统的汉语教材和辅导教材更少。而且这些教材重点不够突出，甚至存在一些错误，如语音方面存在拼写和声调的错误；汉字方面仍有很多繁体字、旧字形；词汇上存在翻译和使用上的错误、释义欠准确，等等。

四、土耳其汉语教材本土化策略

鉴于上述种种问题，我们认为应该充分考虑土耳其语言、文化特点、中土语言内部关系，把汉语教学的系统性和对中华文化的传播二者紧密结合起来。引进现代多媒体技术，开发一套具有系统性和针对性、具有本土化特色的、能够吸引学生的注意力并使之在快乐轻松的氛围中学习的汉语教材。

那么如何使教材本土化和具有针对性呢？首先在教材编写之初，深入到土耳其学生中，对其所感兴趣的话题进行问卷调查，以此为依据设计教材的结构及内容。其次，我们设想以中国的编写队伍为主体，以土耳其的汉语专家、教师，特别是土耳其大学汉语教师为补充。因为只有中国的专家和教师才能提供最标准、最地道的汉语，但同时也要积极听取土耳其汉语教师对于教材结构和内容的反馈意见，并且由他们提供本土化的信息，根据这些意见进行修改，以此编写高质量教材。只有真正高质量的教材才会经受时间、读者的考验，继而成为精品。

（一）教材编写的理论方面

以结构—功能大纲为教材编写的理论基础。结构—功能大纲的教学模式要求把语言形式的教学纳入交际语言教学的大框架之中，将语言形式的教学通过以内容为中心的交际活动去进行，体现内容与语言形式两者并重的原则。

（二）教材内容方面

语言与文化密不可分，语言学习与文化学习也是相辅相成的，语言学习离开了文化学习就显得毫无意义。文化学习在汉语口语学习中同样占有重要地位并起着决定性的推动作用，因此，了解中土文化的差异，培养文化意识应贯穿在汉语口语的学习中，加强礼仪文化、交际文化的学习，增强学生语言文化意识，培养语用能力。

教材的编写要遵循针对性、趣味性、科学性的原则。教材是面向土耳其学生的汉语普及教材，教材的市场是海外而非中国本土，这就要求在编写教材时做到“三贴近”，即贴近土耳其学生的思想，贴近土耳其学生的习惯，贴近土耳其学生的生活。教材话题、语料的选择要有趣味性，汉字、生词、语法点的选择要符合科学性原则，按照《汉语水平考试词汇等级大纲》、《汉语水平考试语法等级大纲》的标准来合理安排。在内容的安排和组织上贯彻“做中学”的教学设计理念，让学生进入角色，在体验中学习汉语。教材开发的主旨是寓教于乐，快乐轻松学习汉语。

积极吸收中土语言学对比研究的最新成果。对比语言学是对两种或两种以上的语言进行对比描述，描述它们之间的异同，特别是其中的不同之处。对比语言学的理论在对外汉语教材的编写上具有重大的指导意义，在教材中突出体现目的语与母语的异同，预测学生在学习过程中可能出现的困难，排除母语对目的语的干扰，促进母语在目的语学习中的正迁移。因此在教材编写中，一方面注重汉语的听说读写训练，另一方面突出汉字教学，强化汉字教学，把1800个常用汉字融入到每一课中，使汉语的学习变得简单。在编写语音部分时，把汉语和土耳其语音对比研究的成果应用到汉语语音的教学之中，指出中土语音的相同点和不同点，尽可能避免学生母语带来的负迁移。

中土两国语法存在很大的差异，汉语属于孤立语，靠顺序来表现语法。词法方面，土耳其语的重要特点为人称领属词缀，即在中心词后加上对应的词缀，表示所属人称。此外，没有所谓的介词，介词的功能由加在词干后的位格、从格、向格词缀承担。在句法方面，任何句子的结尾的谓语都有和主语一致的人称词缀，因此主语常常省略。此外，汉语和土耳其语的语序完全不同。在编写教材时应注重应用汉语和土耳其语语法对比研究的成果，通过大量例句和语言模仿来体现汉语语法，在形式上避免对语法知识长篇大论的讲授，使学生在模仿中迅速掌握两种语言的差异，尽快提高汉语水平①。

（三）教材的形式方面

教材的形式应分为两部分，一部分是文本教材，即传统的教材形式，同时配有教师手册和学生练习册以及中文读本，在教材中配有插图、汉土对照和汉语拼音等。另一部分是采用多媒体技术，利用各种视听及交互手段，形成与文本教材相互协调、相互补充的多媒体教材，集视频、动漫、图片、文字、音效于一体，结合学生的认知特点，以新颖活泼的形式寓教于乐，可以大大提高语言学习效果。

关于多媒体教材的开发，我们有如下设想：充分利用最新的数字媒体技术，遵从心理学规律。教材的形式是文本＋图画＋动漫＋网络，是动态的汉语教材。这与纯文本形式教材相比，形式多样活泼，色彩丰富艳丽，具有趣味性和吸引力，能够集中学生的注意力，符合学生心理和活泼好动的性格特点。

五、结　语

汉语教材是汉语教学的基础，土耳其汉语教材，一定要遵循本土化原则，教材篇幅应短小，内容侧重中土文化和语言的比较，多设计课堂活动，采用多媒体教学方式，让学生在游戏和模仿中获得语言交际能力，从汉语学习中感受到说汉语的快乐，增强自信心，获得成就感。

参考文献：

[1] 人民网资料（2002）。

[2] 施宝义（1989）土耳其的汉语教学，《世界汉语教学》第3期。

[3] 法蒂赫大学汉语系：http：//chinese. fatih. edu. tr/? hakkimizda&language＝EN。

① 欧曼尔（2011）土耳其学生在双语迁移下的汉语习得研究，陕西师范大学硕士论文，第7－12页。

[4] 第五届孔子学院大会交流教材（2010），第652页。
[5] 第六届孔子学院大会交流教材（2011），第695页。
[6] 欧曼尔（2011）土耳其学生在双语迁移下的汉语习得研究，陕西师范大学硕士论文，第7－12页。

作者简介：

阿里·爱登，土耳其人，中央民族大学国际教育学院语言学及应用语言学专业在读博士，主要从事汉语国际传播、土耳其语翻译等研究。

现代汉语中的日源新词语变异研究

[日本] 吴川
日本大学

内容摘要：本文以现代汉语中若干有代表性的日源新词为例，考察其进入汉语的途径和过程（词源）、表达形式和使用特点（用法、词义）以及与原义的异同（变异情况），概括和揭示现代汉语中的日源新词语的主要特点。

关 键 词：日源词；新词语；语言变异研究

一、引 言

改革开放30多年来，汉语中涌现出大量新词语。这些新词语不仅丰富了人们的文化生活，而且赋予了汉语新的活力。来源于日语的新词语，简称“日源词”，其中既有日语汉字词，还有部分音译词以及翻译过来的词语，改革开放后进入汉语的日源词有些发生了变异，衍生出新的词义，派生出新的词群（如“－屋”、“－族”、“－控”等），有些甚至成为流行语。近几年火遍全国的选秀节目中也出现了大量日源新词，如由“逆袭”派生出“逆袭战”“逆袭组”，什么“对战”“对决”“试炼”“秒杀”等不绝于耳。这些词汇对国内观众来说可能是“耳目一新”，而对于熟悉日语的人来说却有一种似曾相识之感。研究这些日源新词语的嬗变过程，理清其用法、意义，揭示其文化背景，无论从社会语言学、文化传播学的角度，还是从比较语义学、对外汉语教学的角度来看都具有重要意义。

本文拟选取若干有代表性的日源新词，考察其进入汉语的途径和过程（词源）、表达形式和使用特点（用法、词义）以及与原义的异同（变异情况），概括和揭示日源新词语的主要特点。

从比较语义学的方法来看，汉语新词语中的日源词研究涉及三种不同的研究对象。

第一种可以称为“移语”研究，即用汉字书写的某一名词、某个概念或范畴，在不同国度辗转流变的现象。比如在文学领域，中国的“诗”与“歌”的概念传到朝鲜、日本后，在日本又创造出有异于中国律诗的“和歌”（31 音节）和“俳句”（仅 17 个音节）。80 年代初，中国的诗人们模仿这种短小、独特的诗歌形式，创造出 3 行、17 个字的“汉俳”[①]。再如，中国古代的“自然”这个概念传到日本，近代日本人又利用这个词来翻译欧洲的“自然主义”，然后“自然主义”这一译语再由日本传到中国。这类词多为用汉字书写的“日语汉字词”。

第二种就是将一种语言翻译为另一种语言所形成的词语概念——“翻译语”，简称“译语”。例如“文学”这一概念，在中国有作为本土概念的“文学”，也有从日本引进的作为西语（法语 littérature，德语 Literatur，英语 literature）之译语的概念。汉语日源词中的“译语”情况比较复杂，有直译也有意译的，如“写手”（書き手）、“洗手间”（お手洗い）、“伪娘”（男の娘）等，也有一些音译词，如“榻榻米”（たたみ）、“卡哇伊”（かわいい）等，“卡拉 OK”（カラオケ）则是音译加意译的杰作。

第三种就是“拿来主义”，将表达日本特有概念的专有词汇直接拿过来。比如，表达日本古典文学理念的“物哀”（もののあわれ），被称为日本国技的“相扑”（すもう）、“空手道”（からて），日本的传统戏剧“歌舞伎”（かぶき），用大米酿造的日本“清酒”（お酒），日式餐饮“刺身”（さしみ）、“寿司”（すし），还有反映历史问题和社会现象的“慰安妇”“买春、卖春”“援交”，等等。这类词语在进入中国后，有时还会出现如“空手道”[②] 那样由于望字生义、因调侃而派生新词义的情况。

---

① “汉俳”是“汉语俳句”的简称。汉俳的首创者是前中国佛教协会会长赵朴初先生。1980 年 5 月，日本俳人代表团来华访问同中国诗人交流时，赵朴初先生依照俳句的形式写下汉语俳句：“绿荫今雨来，山花枝接海花开，和风起汉俳。”这便是“汉俳”一词的起源。

② 比喻不付出本钱或代价而取得回报的招数：他在生意场上大玩～。《现代汉语词典》，第 6 版，第 741 页。

本文在讨论日源词问题时，对汉日字形（字体）和读音不同的问题从略，对完全同形同义的日源词也不作赘言。例如“主义”一词，在明治时代以后作为英语 principle 的译语在日本普及并固定下来，而后又作为英语 - ism 的译词沿用至今。因此，可以说“主义”一词是在日本首先被赋予新义的日语汉字词，被引进中文后就变成了日源外来词。在鲁迅的著作中，据说单独使用的“主义”和作为后缀“~主义”出现的单词数共有 153 条，其中日语借词就有 52 条。可以说鲁迅在将日源词融入现代汉语的过程中功不可没。其中的“拿来主义”一词至今仍在使用。现在这部分汉字词，基本上已经在汉语中“扎根落户”，融入汉语词汇大家族，一般人已经不把它们当作外来词了。对于这些用法、意义基本定型的日源词，在此姑且不谈。

二、日源词的界定和误区
——“给力”“吐槽”并非日本词

关于日源词研究，首先存在一个如何界定的问题。一般认为日源词是指最先出现在日语中的汉字词，如“暴走”“逆袭”“秒杀”等。或者指那些虽然在古汉语中早已有之，但在日语中产生了新义并再次进入汉语的词汇，如“写真”“达人”“人脉”等。判断其是否源于日语，需要做一些扎扎实实的考证、分析工作，不能捕风捉影、人云亦云。例如，“给力”和“吐槽”都是近几年火爆起来的流行语。有人撰文称：漫画网游让“给力”“吐槽”等日本词风靡中国。[①] 这完全是一种误解。推本溯源，这两个词虽然都与日本有关，但并不是“日本词”，而是来源于翻译的汉语方言词。

（一）来自“乱译”的“给力”

先说“给力”。这个词是 2010 年诞生的流行语，世界杯期间成为网络热门词。同年 11 月 10 日，“给力”出现在《人民日报》头版的标题中，由此引发舆论强震。之后，其用法不断翻新，甚至还有网友生造出英文词“gelivable”。2012 年 7 月出版的《现代汉语词典》（第 6 版）

---

① 见《传承》2011 年 10 期，漫画网游让“给力”“吐槽”等日本词风靡中国，陈辉。

已经收入这个词，其注释有三："1. 动词：给予力量、给予支持；2. 动词：出力、尽力；3. 形容词：带劲儿。"我个人感觉还是形容词用法比较多。其实，这个词在北方方言中早就存在（据说南方某些方言中也有），北京口语中就有一个类似的词，叫"给劲儿"。那么，这个词是怎么诞生的？为何如此受宠，又如何幸运地成为火遍全国的流行语呢？

说起来，这个词的产生跟日本的亚文化还真有些不解之缘。近年来，网络上很多网友自愿组织起来译介了大量国外的影视和动漫作品，"给力"这个词就是来自日本搞笑视频《西游记：旅程的终点》（西遊記~旅の終わり~）的中文配音。大致情节如下：三藏法师和孙悟空、沙悟净三人来到旅途的终点，见草坪上只插着一个写着"终点"的横幅，悟空便抱怨说："这就是天竺吗？不给力啊，老湿。"之后，师徒三人便开始争论谁先跑过终点，其间还不断引用已故八戒的话来调侃。这个视频后来在网络上流行开来，视频中的很多词语成为网络流行语，"给力"就是其中之一。

我查了一下日本的原作，发现中文配音版和原版出入甚多，很多地方连"意译"都说不上，只能称为"乱译"，或者说是"翻版"。比如，原文称三藏为"法师"，而中文版随意写作"老湿"（取"老师"的谐音）。上述孙悟空说的话，原文是："これが天竺か。すごい地味ですね、法師。"这句话中的"地味"（读音为"じみ"jimi）一般表达的是一种状态，意思是"不起眼儿""很一般"。据说配音者CUCN201是中国传媒大学南广学院201宿舍的四个男生，都是2006级语言传播系的。他们并没按照原作品的台词来配音，而是由他们自己改编，同时加进了很多时下大学生宿舍里的流行语，基本上是凭主观臆测，根据动漫人物的表情和动作而随意配音的。经过我与原文逐一核对，发现配音中出现的大量脏话都是原文没有的，什么"蛋疼""菊紧""我擦嘞"等令人不堪入耳的词语均为译者随意添加的，名为翻译，实为编造。有些学者不知其中奥妙，还将"给力"作为所谓"异化"翻译的典型加以论述，[①] 殊不知其实为胡乱编造的"乱译"的典

① 王世龙（2011）从"给力"探讨网络流行语翻译中的归化和异化之争，《现代语文》（语言研究版）。

型，令人啼笑皆非。这种“乱译”反映了当前一部分年轻人的逆反心理，属于一种借题发挥、自我宣泄。这类译语与文学翻译中的异化处理非属同一层面，实不可同日而语。遗憾的是，通过网络的传播，很多不雅之词成了流行语，变成许多网友的口头禅。这种现象在我们研究日源新词语时应该加以澄清。

（二）出自方言的“吐槽”

再说说“吐槽 tùcáo”。这个词国内大部分的词典都还未收入。有人把“吐”的发音标注为第三声“tǔ”，对词义的解释也是众说纷纭，令人“丈二和尚——摸不着头脑”。

据说，它最早是出自日本“漫才”中“专门找茬儿的角色”的译词。“漫才”（日语读“まんざい”）是盛行于日本关西地区的一种站台喜剧（stand - up comedy），类似中国的对口相声，两个人以极快的速度讲笑话，大部分笑话都是围绕彼此间的误会、双关语和谐音字展开的。两个角色中，负责担任较严肃的、找茬儿角色的人相当于中国相声中的“逗哏”，另一个人则负责滑稽的、装傻充愣的角色，相当于“捧哏”。日本的“漫才”跟中国的相声并不完全相同。所以，台湾把“找茬儿的角色”翻译成“吐槽”，原意是“当着大家的面揭对方的短儿，让对方出丑”。根据演员在说话过程中的表现，如翻译成北京话，我觉得也可译为“抬杠”“找茬儿”等意思，很多日本动漫人物中都有这类角色，为作品增色不少。

不过，单从汉字来看，这个词似乎不太好理解。“吐”字有两个声调，发第 3 声时表示“使东西从嘴里出来”，如“吐痰”“吐唾沫”。发第 4 声时表示一种生理反应，有东西“不由自主地从嘴里涌出”，如“呕吐”“吐血”“上吐下泻”等。而“槽”的基本义是“长条或方形器具”，盛牲畜饲料的如“猪槽”“马槽”盛液体的如“水槽”“酒槽”等。所以，如果“吐”发第 3 声，人们一定会想：槽怎么能从嘴里吐出来呢？如果理解为把东西吐在槽里，还勉强可以，因为有些人在表示极度不满时会吐唾沫表示“不屑一顾”或者“鄙视”，汉语叫“唾弃”。但为什么一定要吐在槽里呢？带着这个疑问，我查了一下出处，发现这个词的意思跟所用的汉字没有什么关系。因为这个词本来是闽南方言，在台湾只是用发音相近的汉字来表示它的音，是所谓“音译字”。现在，“吐槽”的用法不断扩大，已经不限于“揭短”等调侃的用法，人们大量使用的一般都是“挑刺儿”“讽刺挖苦”“质疑”“批评”等含义。而且还有很多诸如“被吐槽”“遭吐槽”等被动式的用法，意思已经远远超出“逗哏”的范围。所以说，这个词的出现，虽说跟日本有关，但并不是严格意义上的“日源词”，充其量只是一个方言词而已。

三、何谓“日源音译词”
——“熬点”与“黑輪”本为同根生

在众多的日源新词语中，还可以分出意译词、音译词以及音译加意译几种类型。

意译的如“写手”（書き手）。原来日语中有两层意义。一是指写文章的人、笔者、文章作者；二是指“书法家、画家”。近年来，“写手”一词传入汉语之后，其中的“书法家、画家”的意义消失了，只保留了“写文章的人、笔者、作者”这层意义。其他还有“伪娘”（男の娘）、“洗手间”（お手洗い）、“傲娇”（ツンデレ）、恶搞（くそ），等等。

音译的有“卡哇伊”（可爱）、“一级棒”（最好）、“熬点”（食品，又称“关东煮”）、“呷哺呷哺”（小火锅）、“哆啦A梦”（机器猫）、“雷克萨斯”（丰田高档车）等，其中以商品名、企业名居多。网络流行语中的音译词甚至还有“纳尼”（なに=什么）、“撒油那拉”（さようなら=再见）、“阿姨修铁路”（愛している=我爱你）等直接模仿日语读音的词。

音译加意译的词除了脍炙人口的“卡拉OK”外，还有近年来比较流行的“Cosplay秀”（角色扮演）。

音译词当中的“一级棒”是近年来出现的一个新词，日语中这个词的汉字写作“一番”。而“一级棒”取日语的谐音，前面的部分用中文汉字“一级”（いち），再加上表示最好之意的“棒”（ばん），形成了一个颇具中国特色的新词，现在还用于专门经营日餐连锁店企业集团的名称，堪称音义兼顾的杰作。

而最近荣获北京十大餐饮品牌称号的“呷哺呷哺”，原来是台湾的一家餐饮企业，这四个汉字是音译日语“涮锅”意义的“しゃぶしゃぶ”（xia bu xia bu）。这个词，表面看上去是音译，实际上在选字时也充分斟酌字义。“呷”在汉语中是“小口品尝”的意思，“哺”有“哺育”“哺乳”等意，也跟“吃”有关。另外，这四个字中竟包含20个“口”字，象征食客众多、人气兴旺，做成商标，颇为吉利。北方人初见这个词一般不知道应该怎么读，会觉得奇怪，结果反而加深了对品牌形象的认知，这也是一个音义兼顾的杰作。

音译词中还有一个由日本企业带进来的词，叫“熬点”，台湾写作“黒輪”。如果光看这两个汉字，没有见过实际东西，很难想象出到底是什么食物。但是，“熬”的本义是指一种烹调方法，是“水煮”的意思。“点”可以理解为“点心，小吃”。如此类推，吃过的人也会点头称是吧。在中国，最早推出这种日式快餐的是日资企业经营的方便店“罗森”（LAWSON）和“全家”（FamilyMart）。现在，很多综合百货店、购物中心的餐馆和摊贩也都推出了“熬点”，很受欢迎。很多日本人在中国吃到久违的家乡风味也会备感亲切。那么，台湾为什么写作“黒輪”呢？原来这跟汉字的意义无关，它来自于台语（闽南话）的发音“- lien˅”，仅仅是日语的音译。现在，台湾各地都有很多“黒輪店”，成为颇具台湾特色的风味小吃之一。

今后，随着日式餐饮在中国的普及，有关餐饮的词汇会不断涌入人们的日常生活中。比如“料理”这个词，原来汉语只用作“办理，处理”的意思。现在，日语的词义已经被收入《现代汉语词典》，而且“日本料理店”又进一步被缩略为“日料店”，发生了新的变异。

四、日源新词的变异

我曾在2012年的中日对照版杂志《孔子学院》撰文介绍过几个源于日语的汉语新词语，考察过其进入中国后发生的变异现象。现将其分别叙述如下。

（一）“回归词”的变异——不同的“达人”

“达人”是一个重归故里的词，有人把这类日源词称作“回归词”

"回流词""侨词"等。最新版《现代汉语词典》(第6版)虽然也收了这个词，却并没有标明出处。这是为什么呢？可能是因为他们认为这个词是中国古代就有的。那为什么以前的版本没收这个词呢？道理很简单，这个词在古典中虽然有，但现代已经不用了。那么，这个词的新义到底是怎么来的呢？

关于"达人"的来源，众说纷纭。网上有人说这是音译自英语"talent"，还有的说是来自《论语·雍也》"夫仁者，己欲立而立人，己欲达而达人"。其实，《论语》中"达人"的用法是动宾结构，"达"作动词用，意思是说："仁德的人，自己想成功首先使别人也能成功；自己想被人理解，首先要理解别人。"这个用法不是现代"达人"的用法。当然，这个词也不是从英语翻译过来的。"达人"作为一个独立词的用例最早见于《春秋左传·昭公七年》："有言曰，圣人有明德者，若不当世，其后必有达人，今其将在孔丘乎。"前汉时代贾谊的《鹏鸟赋》中也有这样的用法："小智自私兮，贱彼贵我；达人大观兮，物无不可。"(现代汉语译文："小智浅薄啊，重己轻他；通达远见啊，无物不适。")明代的文献《菜根谭》中说道："达人观物外之物，思身后之身"。之后，历代古代文献中有"通达事理的人""豁达豪放的人""显贵的人"的用法，唯独没有"能人""高手""能工巧匠"的意思。

日本古代在引进中国古典文献的同时就引进了"达人"这个词，成书于8世纪后半叶的日本诗歌总集《万叶集》中可以看到这样的记述："但达人安排、君子无闷。"古代基本上都是沿用中国的古义。14世纪，日本古代著名的散文集《徒然草》中曾这样写道："达人看人的眼力不可有丝毫差池"(194段)。后来，在使用过程中这个词又产生了新的语义，现代日语已经基本上不用古义了。日本的权威国语词典《广辞苑》中把"精通某种学问或技艺的人"这个意义放在第一个义项，其次才是古义"通达事理""对人生持达观态度"之意。后来，经过改造的"达人"传到台湾，然后再通过台湾的媒体漂洋过海进入了中国大陆。因为"达人"一词自古有之，所以，可以说它是一个衣锦还乡的回归词，它既是古代从中国传到日本而当代又重返故乡的新词语，也反映了汉字文化圈中一种独特的文化交融现象。在东方卫视举办的《中国达人秀》节目播出后，"达人"这个词一路走红，而且似乎又被赋予了“勇于达成梦想的人”这一新的含义。

（二）似是而非的“暴走”——褒义贬义的嬗变

“暴走”也是最近几年进入汉语并得到广泛应用的新词。目前，中国各地兴起了一股“暴走”浪潮，从城市“暴走”到山野，方兴未艾。有报道说：“特立独行的暴走族是现代都市催生出来的一个新兴族群，由一群有暴走爱好的人通过网络论坛集结而成，相约在城市的街头巷尾，然后结伴徒步穿越城市或者野外。”2012 年 12 月 31 日，武汉甚至有一批大学生 24 小时暴走 100 公里迎接新年。看来，时下的中国年轻人已经把“暴走”当作了一种时尚。

据我了解，让“暴走”这个词火遍全中国的是中央电视台举办的 2009 年度“感动中国”的颁奖节目，其中有一位名叫陈玉蓉的“暴走妈妈”被评为当年感动了全中国的十大人物之一。有着类似经历的还有割肾救女的那雪莲，也被称为“暴走妈妈”。

“暴走”这个词来自日语。起初是随着日本的动漫、游戏进入中国，并且在一部分年轻人中间流行。“暴走”常用来形容人或机器人的暴怒、失控行为，意思类似于“抓狂”。但是，后来就发生了嬗变。中国人按照汉语的字义去理解它，认为是“快速剧烈地行走”的意思。之后“暴走”就成为徒步旅行的代称，热衷远足的人也被称为“暴走族”。如《旅游》杂志 2001 年第 1 期一篇文章的标题是：“暴走族的苦乐吟”，讲述的就是在边疆徒步旅行的经历。所以，当陈玉蓉割肝救子的故事出现时，人们称她为“暴走妈妈”也就不足为怪了。现在，2012 年出版的《现代汉语词典》（第 6 版）已经收入这个词，释义为“指在室外长距离快速行走”（51 页）。更有甚者是 2013 年 3 月 8 日国际妇女节上映的一部新影片，片名就是《暴走吧，女人》。看到这个片名的日本人可能都会吓一跳，因为日语里的意思是完全不同的。东京都知事石原慎太郎在美国发表购岛计划后，就曾被田中真纪子称作“暴走老人”（疯老头）。

“走”这个字在日语里是“跑”的意思。古汉语中“走”的义项，虽然在“走马观花”“走马上任”“走马灯”等个别成语中还可以见到，但汉语口语已经不说了。而汉语的古义在日语中反而被很好地保留下来，而且还利用这个语素创造出许多新的汉字词，如“竞走（＝赛跑)”、“完走（＝跑完全程)”、“疾走（＝飞奔、疾驰)”、“力走（＝尽全力跑，拼命跑)”等。唯独“暴走”用于贬义，基本义是“狂奔乱跑”之意。后来，在使用过程中又产生了引申义，指“失控”“鲁莽行事”“抓狂”等意。日本也有“暴走族”，他们是驾驶改装后的摩托车或汽车成群结伙地在公路上飙车的一个特殊群体，多为十几岁的年轻人，由于其噪音等对民众造成了很大骚扰，违反了日本的《道路交通法》，属于被取缔的对象。“暴走族”在台湾被称作“飙车族”或“飞车党”，意思跟大陆也完全不同。

由于望字生义，人们把“暴走”理解为“快步走”之意，于是就有了上述一些新用法。很多人从这个意象又产生新的联想，渐渐地，在中国的时尚语言中，许多具有“快速剧烈地行走”这一特征、带有快速移动特点的东西都被称作“暴走”。如鞋底安装小轮可以滑行的运动鞋叫“暴走鞋”，放在桌子上会自动前行的牙刷玩具叫“暴走牙刷”，等等。

现在，“暴走”这个词从“健步走、快步走”发展到“在大自然中徒步行走、徒步旅游”这一户外运动新概念，反映了当今社会的变化和人们追求新颖的心理。而当“暴走”传入汉语并得到广泛应用后，不仅其意义发生了改变，在很多情况下甚至变成了一个褒义词。

（三）“御宅族”与“宅男、宅女”之异同

中国目前悄然兴起的“宅文化”代表了一种现代流行时尚，有专家指出它是在全球化大背景下出现的一种亚文化现象，是以消费文化发展到一定水平为前提的。中国国内一般都认为“宅文化”起源于日本的“御宅族”。此言不假，但自从这个词被加上汉字经台湾传入大陆后，就发生了人们意想不到的异变，由此衍生了“宅男”“宅女”，产生了所谓“宅文化”和“宅经济”。那么，真相到底是怎样的呢?

“御宅族”是指日本80年代中期产生的热衷于非主流文化的独特群体。其中既有爱好收藏的发烧友，还包括喜好ACG（动漫、漫画、电子游戏）的年轻人。后来，人们就把这种对非主流文化极端执著的年轻人称作“御宅族”。“御宅”原为日语称呼对方宅第（可译为“府上”“贵府”等）或用来表示第二人称的敬语。起初，这些年轻人之间互称“オタク”（读otaku，一般不写汉字，可译作“您”)，后来评论家就把这个词作为称呼这一群体的名称。这个词被写作汉字“御宅”，随着日本的ACG文化一起传到台湾，又经台湾传到大陆及全球使用华语的地区，在网络上还经常会称作“宅人”或“阿宅”。

那么，为什么“御宅”在中国变成了“宅男”“宅女”呢？众所周知，汉语中的“御”多用于跟皇帝有关的事物，所以人们便将“御”字拿掉，创造出“宅男、宅女”这两个新词。起初这些词是略带贬义的，但在使用过程中概念发生了嬗变，《现代汉语词典》（第6版）将这两个词解释为：“指整天待在家里很少出门的男子（女子），多沉迷于上网或玩电子游戏等室内活动。”更有甚之，在中国，除了名词用法还衍生出动词用法。比如有一个报道的标题是“大学生宅到死引人深思”，有些人“宅久了，很难重新融入社会”等。至此，中国的“宅男宅女”和日本“御宅族”的区别就一目了然了。日本的“御宅族”并不是孤居陋室、离群索居，因为他们都有自己的爱好，比如收藏某些东西，比如喜欢秋叶原的AKB48组合，所以他们会频繁出门去搜集自己的所好、与同道者交流、去看偶像明星的演出，参加Cosplay秀（角色扮演），等等，为了挣出这些花销，很多人还要去打工，很忙很辛苦的。

而中国的“宅男宅女”一族情况则大不相同，他们多为独生子女，是所谓“啃老族”（台湾叫“尼特族”）。中国30多年的经济高速发展、社会财富积累与“只生一个好”的计划生育政策，在一定程度上为年轻一代“啃老”提供了物质基础；大学扩招后的就业难、年轻人收入敌不过生活成本的蹿升，则让他们不得不“啃老”。

还有一种是指现代都市白领的流行生活方式。他们热衷于“网购”，无论是在家经商，还是在家兼职、在家办公，都离不开网络，中国的“宅文化”是一种热衷于“宅”在家里的风潮。从这个意义上来说，“宅经济”也是网络发展的结果。“网购”不仅给人们带来了生活的便利，也为“宅男宅女”们创造了新的就业机会，而“宅经济”也成为当今时髦的网络词汇之一。现在，网络购物不仅是“宅经济”的一个亮点，也是与“宅一族”的宅生活密不可分的一部分了。

五、结　语

语言永远处于不断地发展变化之中，要全面、深入、系统地了解语言，就必须探索语言发展变化的规律。研究语言变化的最佳切入点则是语言变异，因为语言的历时演变总是能在语言的共时变异中得到体现。语言变异，首先反映在词语的变化方面，就是新词的不断产生和旧词的逐渐消亡，或词义的嬗变。新词、新语的产生，是新时期语言结构成分变异最主要的表现。它既包括某个特定语言项目在共时分布上的差异，也包括该语言项目在历时流程中的变化。除了词汇的变异，也有一部分语法变异，如表示正在进行之意的"～中"、表达对某种人或事物极为喜爱，已经到被其"控制"得无法自拔程度的"～控"等（限于篇幅，拟另撰文论述）。

形成语言变异的大背景是人类普遍具有的好奇、求新的社会心理，特别是青少年时期或处于社会较大变革的时期，这种心理表现得尤为突出。这种社会心理会影响语言变异。同好奇、求新心理相关联，人们还普遍具有一种模拟、仿效的社会心理。这种社会心理也会使语言运用发生变异。近年来，语言变异越来越受到语言研究者的关注和重视，日源新词语无疑是其中一个重要部分，也是我们研究汉语国际传播的一个重要课题。希望今后能有更多的人对这些日源新词进行认真的考证，客观地分析、考察其进入汉语的途径、时间、原义和语义的变异过程，以便消除误会，避免误解，减少误区。

参考文献：

[1] 丁杨、王保田（2010）现代汉语中日源外来词的意义变异研究，《重庆交通大学学报》（社科版）第2期。

[2] 甘涛、李静（2012）日源新词在当代汉语新闻报道中的传播与变异，《中国报业》第2期。

[3] 顾江萍（2007）汉语中日语借词研究，厦门大学博士论文。

[4] 顾江萍（2000）试析当代日语借词对汉语的渗透，《汉字文化》第1期。

[5] 黄艺（2012）网络流行的日语词汇研究，《语文学刊》第24期。
[6] 黄莺（2011）论日语借词对现代汉语及日语教学的影响，《宁波大学学报》（教育科学版）第1期。
[7] 谯燕、徐一平、施建军（2011）《日源新词研究》，学苑出版社。
[8] 谯燕（2012）传媒新词“御宅族”分析，《新闻爱好者》第5期。
[9] 彭广陆（2012）从汉语的新词语看日语的影响——说“人脉”，《日语学习与研究》第4期。
[10] 宋纯（2012）基于统计的汉语日源词研究，南京师范大学硕士论文。
[11] 沈颖（2012）认知构式语法视角下的网络新词语义变异研究，《石家庄铁道大学学报》（社会科学版）第1期。
[12] 吴春相、尹露（2011）当代青少年使用的日源流行语调查分析，《当代修辞学》第6期。
[13] 吴川（2012）新词探索，《孔子学院》（中日文对照版）。
[14] 吴侃主编（2013）《汉语新词日译研究》，大连理工大学出版社。
[15] 夏晓丽（2006）现代汉语中的日源外来词研究，辽宁师范大学硕士论文。
[16] 中国社会科学院语言研究所词典编辑室编，（2012）《现代汉语词典》（第6版），商务印书馆。
[17] 宇野和夫、吴川主编（2008）「中日辞典新语信息篇」（日本），小学馆。

作者简介：

吴川，日本大学教授，主要研究方向为词汇研究。

印尼学生篇章习得研究
——以高级汉语综合技能课为例

于逢春

华侨大学华文学院

内容提要：本文力求从篇章习得动力入手，对学习者在高级阶段篇章习得动机进行剖析，以期对印尼学生篇章习得动机与个人努力程度同学习成绩之间的关系及其相互影响做出较为准确的描述；通过对习得策略的观察和分析，通过篇章习得文脉梳理与字词互参机制的锁定，探讨篇章习得过程中自学能力的培养等问题。

关 键 词：印尼学生；篇章习得；文脉梳理；互参机制

一、引　言

汉语作为第二语言的习得研究在语法、词汇、语音乃至汉字等方面都已经取得了长足的进展，但在语篇习得，特别是在高级阶段的语篇习得方面的研究尚处于起步阶段。学者李扬在其《中高级对外汉语教学论》中提出了："高级阶段应更加注重大段与成篇训练"的观点，并指出："进入高级阶段后，应适当加强训练的质和量。在质的方面，首先是提高分析性问题的比重，包括微观分析（重点词语、句子的含义，词句用法上的比较分析等）和宏观分析（如从全文逐个分析重要人物性格以及探讨某些全局性的深层次文化意蕴等）。"[①] 这就非常明确地告诉我们高级精读教学和学生习得应重在理解，重在表达。而理解是表达的基础，其整体驾驭以及与寻章摘句相结合的阅读理解与习得，则是阅读理解及其表达目标得以实现的基石。

---

① 李扬（1993）《中高级对外汉语教学论》，北京大学出版社，第 111 页。

本文以高级汉语教程为蓝本，通过对近三年来（2010—2013）对我校印尼华文教育师资班学生高级汉语篇章习得的实际进行调查和比较分析，探索了印尼学生篇章习得的动力因素、习得策略、高级汉语篇章习得的文脉因素与字词互参机制、学生自学能力的培养等问题。篇章习得，特别是高级汉语的篇章习得不是句子习得的翻版，也不是语段习得的同义词，而是词语、句子、语段习得的延伸。因此，篇章习得不能因袭字、词、句子习得的老路，而要在字、词、句、段习得基础上另辟蹊径，从而能够最大限度地减少学习者习得过程中的认知偏误，放大习得效应，促进其语言创造能力的提升，进而为可理解输入和可理解输出的有机结合扫清障碍，最终达到培养交际能力的目的。

二、调查对象状况及动因分析

（一）被调查者的自然与现实状况

实验参加者均为印尼籍学生，而且都是经过印尼华文教育统筹机构考试遴选或我驻印尼使领馆选送的，共计 71 人，其中非华裔学生 6 人，为总人数的百分之八，其余均为华裔学生。从入学前是否学过汉语上看，来中国前绝大多数人都曾在学校或补习班学习过汉语，但方音或印尼腔比较明显；从族别上看，约百分之九十以上都是华裔或有华人血统，另有少数人是印尼马都拉族、马来族、信奉印度教的巴厘岛人和爪哇岛的原著民；从习得顺序上看，汉语绝对都是他们的第二语言；从年龄构成上看，他们基本上都在 18—27 岁之间；从性别上看，女性学生占绝大多数，男性不足三分之一；从受教育程度方面考察，他们基本都是高中毕业水平，有的甚至已经在印尼国内大学毕业；从学生所来自地区的地理分布上看，主要集中在棉兰、加里曼丹、雅加达和东爪哇等地区；就培养目标而言，主要是培养印尼华文师资。

（二）学习动力与个人努力程度的关系

对于这三届印尼师资班的学生而言，来中国学习汉语的目的的指向性非常明确，即成为未来的华文教师。但其学习动力和个人努力程度以及与学习成绩的关系，却会因人而已。特别在高级汉语篇章习得过程中，这种情况就表现得更为突出和明显。对华裔学生来说，由于其民族母语认同、身份认同、文化认同和族群认同的交互作用，其学习汉语的内在动机必然向同化动力趋同；同时也因为学习汉语能够为其将来的工作、生活提供有力的保障，所以工具动力的要求必然强烈，因而形成了二者叠加的局面。因此在高级汉语篇章习得过程中大多数华裔学生主动参与意识较强，通过自我查阅工具书扫清习得障碍，是其篇章习得过程的初始状态；通过字、词、句在篇章中的地位、作用的确立，构建语段习得的认知框架；通过字、词、句和语段之间内在关系把握，梳理篇章习得的内在规律，是其宏观驾驭篇章习得过程的必然阶段。

但是这种叠加并不是总与个人努力程度和学习成绩成正比关系，对某些华裔学生而言，同化动力虽然也是毋庸置疑的，工具动力也是客观存在的。然而当其同化动力、工具动力与个人努力程度不能相互呈正向联动时，同化动力、工具动力的积极作用就会随之衰减；特别当个人努力程度与学习成绩不能成正比时，其同化动力、工具动力的推力作用就更会大打折扣。学生由中级向高级汉语篇章习得迈进的过程中，随着词汇量的陡然增加、一词多义现象变得越来越普遍，这部分学生理解、记忆负担也会随之增加；随着所学篇章材料由人工编写向原汁原味名篇名著的过渡，必然会导致某些文章字面意义与内涵意义的非等值性现象的出现，由此也会引发虽然字词都认识，但就是对句、段深层或真实意义茫然不知所措；有的即使对某些句、段内容有所或基本理解，但对篇章整体的驾驭和把握能力却显得明显不足；有的则会因对语篇中的文化因素积累、理解的不足，结果也会导致理解、习得的偏误。由于这些因素消解了学生篇章习得的动力，挫伤了个人努力的积极性，其直接结果必然是学习成绩的下降和篇章习得的乏力。

对6名非华裔学生而言，同化动力可能在初始阶段不如工具动力那样明显，但随着学习的深入，个人努力程度的提高以及学习成绩的上升，同化动力也会随之增强。对这类学生而言，工具动力与个人努力程度和学习成绩的良性互动，是其同化动力的第一推力，而同化动力与工具动力的融合乃至交互作用则是其个人努力程度提高与学习成绩提升的催化剂。这种现象也向人们昭示，同化动力、工具动力是相互作用的，它不会因身份认同而简单地提高个人努力程度的信心和篇章习得的水平，也不会因初始于工具动力而终结于工具动力，其转换的条件是与个人努力程度和学习成绩密切相关的。

（三）华裔与非华裔学生篇章习得对比分析

有学者指出："对于学中文的学生来说，内因动力与学习成绩的关系比同化动力更明确"。[①] 本次调查的6名非华裔学生分别来自爪哇、苏门答腊和里曼丹地区。对他们来说，学习汉语的初始动机毫无疑问就是工具动力，但随着学习的深入和对中华文化的理解和接受，其同化动力也会逐渐上升。随之而来的就是个人努力程度的提升和学习成绩的飙升，因而在篇章习得过程中，他们会从不适应到适应、喜爱甚至痴迷的程度。

有趣的是，这些非华裔学生来中国前都学过汉语，在高级汉语篇章习得过程中都表现得十分积极和活跃，而且成绩都在中上等以上。假如我们把这种现象同华裔"被学习"现象加以比较的话，我们就会发现，对非华裔学生而言，当工具动力与个人努力程度和学习成绩呈正态良性互动时，同化动力也就会随之生根、开花、结果，篇章习得中的字、词障碍就会在他们查阅字典、辨析词义中化解。也就是说，字、词的认读与理解一般不应成为他们高级汉语篇章习得的拦路虎；句义、语段、语篇的理解、梳理、把握也会在反复阅读、认真品鉴、师生诘问、交流和重点背诵中领悟、习得而内化，这就意味着文脉的把握要落实在句义的理解上，体现在相关词语和句子之间的联系上，投射到篇章主题的解读上；文化因素的习得也会随着篇章内容理解的加深而逐渐清晰可见，同化动力的正能量也会随着文化因素习得的集聚而得以合理的释放。

反之，当华裔学生的同化动力不能与工具动力及其个人努力程度和学习成绩有效联动时，同化动力就会徒有虚名，工具动力也会被消解得一干二净。这也就意味着上述相关因素只有呈正态分布时，动力因素才会对努力程度、学习成绩产生积极影响。与此同时，个人努力程度和学习成绩的优劣也会反作用于动力因素。也就是说，动力因素在初始状态时，是这部分华裔学生汉语习得的第一推动力，同化和工具动力因素的叠加，其积极效应特别明显；当动力因素处于中段或末段时，个人努力程度和学习成绩的优劣就会成为影响篇章习得动力因素的两个变量。

① 温晓虹（2008）《汉语作为外语的习得研究》，北京大学出版社，第32页。

假如在二语篇章习得中只重视动力因素而忽略个人努力程度和学习成绩优劣的催化或抑制作用，必然会导致以初段研究成果来类推或想当然地认为中段或末段研究结果就应该如此。而这不但是不科学的，而且也是危险的。

三、印尼学生篇章习得的教学启示

（一）字、词、句、段导引支撑，文脉梳理、把握为纲

语篇习得不同于字、词、句的习得，其关键在于文脉的连贯性和主题的通体性，有时学生即使认识所有的词语，知道每一个句子自身的意义，但仍然不能把握或驾驭文章的整体，以至于可理解输入严重不足，情感过滤就会阻碍篇章习得功能的有效发挥。所以，高级汉语篇章习得不能过分依赖字、词讲解，也不能复制句子操练初级阶段的方式，更不能重蹈语法为纲的覆辙。因为这些韬略也许在初级篇章习得中是有效的，但在中高级阶段如果过分依赖，很可能会肢解、碎片化篇章的整体意义，致使语言习得简单化为词语、句子习得，而这又是与篇章习得的初衷背道而驰的。

篇章习得过程中，字、词、句、段不但不能缺位，而且还要准确入位，使其与文脉相接相契相抱，做到文脉点位明晰，主题点线明了，主线凸显可析。所谓不能缺位，指的是语段、篇章的微言大义都植根于篇章结构的字、词、句中，是作者用字、选词、炼句的集中体现，也是篇章理解、把握的基石；所谓准确入位，就是要将词语的概念意义还原于篇章中的语境意义，进而折射出其唯一的篇章深层意义。这样篇章的主题意义由处于不同点位的字、词、句一一标注清楚，学习者就可以通过点与点的连接勾勒出篇章的主线，从而达到篇章整体习得的目的。如“竹锁桥边卖酒家”[①] 中的“锁”字，词典中有五个义项：（1）锁具（2）用锁使门、箱子、抽屉关住（3）形状像锁的东西（4）锁链（5）缝纫法五个义项[②]，但没有一个意义能与诗句中的“锁”字相对应。这

① 马树德（2003）《三下高级汉语教程》，北京语言大学出版社，第52页。

② 《现代汉语词典（修订本）》，商务印书馆，第213页。

就表明即使学生会查阅汉语工具书，也未必能够准确理解篇章中字词的意义。因此，只有紧密结合所学篇章内容，通过上下文语境、语段的解读才能真正还原、理解、把握字词在语段、语篇中的意义，才能为准确、顺利的篇章习得创造条件。因为课文中还有，“李唐这幅画虽然并未画出酒家，但他把酒家深藏在竹林之中，深得诗句中‘竹锁’的意趣。……清人沈宗骞评价李唐的画法是‘露其要处而隐其全’，赞扬他是画中的高手。”① 毫无疑问，在这篇课文中“锁”最恰当的意义就是“藏”，而这个“藏”字又与中国绘画技巧特别讲究的“虚实藏露”的“藏”字互为表里。因而“藏”字入位，“虚实露”也就自然到位，篇章的语义、文脉连接也就跃然纸上，难懂的学术论文就会在字、词、句的理解把握中涣然冰释。

文脉梳理依托但不依赖字、词、句、段，只是篇章习得的起码要求，其更高要求则是要在依托中超越，实现由字、词、句、段向篇章的整体阅读理解飞跃；在超越中完善语篇习得的认知能力，通过外化、内化再外化的过程使篇章习得与字、词、句、段融为一体，真正做到文脉梳理系统化，篇章习得整体化。所谓超越，就是不能停留在字面意义的解读上，而是要在设疑、质疑、解疑的基础上，通过语符的解码、篇章的条贯去发现、发掘文本所负载的范本意义和审美价值。这主要有以下几种情况：

1. 字、词、句一目了然，篇章习得难乎其难

由于高级汉语教程课本选的都是原汁原味的名家名著，且题材多样，体裁不同。所以，有的课文学生习得字、词、句的认读（朗读）根本没什么问题，但就是不知道作者要表达的是什么。如《现代技术的危险何在》一文有这样两句话：“事物成了‘虚假的事物’，人的生活只剩下了‘生活的假象’。”② 可以说学生朗读起来能够脱口而出，默读之中也会无障碍通过，但对于句子的真实含义以及该句在篇章中的作用却是满腹疑惑不解，满脸一片茫然；教师无论如何解词，怎样进行语法分析都无济于事。因为字、词不是篇章，只是篇章的材料；句子也不

① 马树德（2003）《三下高级汉语教程》，北京语言大学出版社，第52页。
② 马树德（2003）《三下高级汉语教程》，北京语言大学出版社，第73页。

等于篇章，只不过是篇章组织结构的有机构成；哲学的论文不是记叙、抒情散文，而是高度抽象、概括的结晶。所以用具体释抽象的还原法才是习得这类篇章字、词、句义的最佳途径，才是把握篇章习得主线的最佳选择。我们只有通过举例的方式才能使这种近乎掉书袋式的语句透射出深刻的哲学内涵。如网络流行造就了“网络游戏”，因而才出现了“虚拟的世界”；现代技术也使“人造美女”成为可能，但那已经不是其本人了；三伏天人们躲在空调的房间里品尝着速冻或保鲜的美味，因而在尽享现代技术成果的同时，也在吞食着虚假生活的苦果。

当然教师的讲解和举例不能代替学生的习得，但却能够为学生的习得提供阅读、理解的思路，创设阅读过程中联系实际的条件。也就是说对这类文章的习得，字、词、句的解读与练习几乎没什么意义，反倒是学习者的生活经历和综合科技、人文知识具有决定性的作用。

2. 表层解构悠然，文化屏蔽杳然

众所周知，语言习得也好，篇章习得也罢，最大的障碍在于文化因素的遮蔽，或字面意义对篇章习得的误导，以至于深陷泥淖还自以为是。例如《华罗庚》[①] 一文在介绍华罗庚初到清华的工资待遇时写到：“华罗庚每月工资只有四十元，相当于助教的一半。”学习者在习得过程中毫无悬念地认为实在太少，因为句子中有“只（有）”作为标记。虽然学生通过落实字、词来习得篇章的能力由此可见一斑，但文化因素还是遮蔽了学习者篇章习得的路径，只不过学习者却浑然不觉罢了。因为当年中国流通的是银元，而不是人民币，所以二者的币值相差很大。假如换算成今天的人民币，那么四十银元就等于今天一万多元人民币。显然，文中的“只有”所标示的“少”，并非真的收入少，而是远远高于当时国民平均收入的十几倍，甚至几十倍的“高”，只不过与助教比其收入少而已。

因此，高级汉语篇章习得过程中，对表层结构的解构必须建立在必要的文化因素基础之上，透过文化因素的解读与字面意义的融合去理解、习得语段乃至篇章的意义。

① 马树德（2003）《三下高级汉语教程》，北京语言大学出版社，第98页。

（二）明导暗疏互动，不愤不启悟为先

篇章习得是语言习得的有机构成，其最大的特点就是文脉线索或明或暗，当二者重合时，篇章习得的路径就相对平坦；当二者隐性分离时，篇章习得的航程就会布满暗礁险滩。对此，应在引导上加大学生思考力度，促使学生在朗读、默读、回读、指读中融入积极思考的因素，对篇章的字里行间深层意义进行发掘、解读，以期收到自我习得的内化效应；要引导、启发学习者自觉养成篇章阅读、习得的整体意识，力求做到主题突出为本，首尾兼顾为要。做到联系上下文语境落实到字、词、句，连贯篇章主线不离句群、语段，确立篇章主题紧扣文化脉搏。这样才能使学习者在阅读理解中获得篇章习得的快乐，在疏通、疏导和自我梳理中放大语言习得的效应。

要做到引而不发，让学生自己在教师的引导下去探索解决问题的办法，开启独立思考、自我完善的智慧之门。例如《清塘荷韵》[①] 通篇都在写“荷”，但又处处充满着哲理和韵味。学习者只有在朗读、默读、回读、指读中积极思考，才能够分别从语段中发现重点词语并概括出“缺荷、种荷、盼荷、护荷、长荷、赏荷、悟荷、数荷、祝荷”的语段意义，然后再将各语段意义加以整合回扣文章的标题，从而为“荷韵”神来之笔画上圆满句号。

应注重梳理有序，把点石成金作为疏通的目标，将发现主题、把握主题视为梳理的生命，使学习者在篇章习得的过程中既能获得“底朝上”的微观认识，又能得到“顶朝下”的宏观视野。肖复兴的《寻找贝多芬》[②] 写于一九九零年，尽管他不可能真正寻找到这位音乐巨匠本人，但“寻找”依然是文章的第一关键词，这就是“顶朝下”的意义之所在。至于作者怎么寻找到贝多芬的，则可以通过文中“他需要寻找，用心碰他的心。”、“听这样的音乐实在是心灵的颤动，是心与心的碰撞，是感情世界的宣泄，是人与宇宙融为一体的升华。”、“我的心头蓦地掠过一阵音乐声，是我自己谱就的，虽然不成体统，却是真诚的，从心底发出的”等语句意义的解读和串并，就可以在心灵的殿堂中实

---

① 马树德（2003）《三上高级汉语教程》，北京语言大学出版社，第 129 – 132 页。

② 马树德（2003）《三下高级汉语教程》，北京语言大学出版社，第 27 – 29 页。

现与巨人的心神交往，这就是“底朝上”的必然旨归。

对这类篇章的习得，字、词、句既是习得的线索，也是语段、篇章的关键点所在，但不是“焦点视的扎堆”，而是“散点视的聚焦”。因而需要在梳理中发掘，在发掘中领悟。

（三）熏陶渐染“趣”为上，自得其乐“品”为宗

篇章习得既是语言的习得，更是目的语文化的习得。因此，语言的习得离不开文化的熏陶，也需要文化的认同，更需要文化的自觉。学习者对目的语文化由不适应到逐渐了解、认同是一个复杂而又漫长的过程，因而兴趣引导尤为重要，但兴趣引导不是无关宏旨的噱头，而是蕴涵着篇章题旨的文本内容，且服从并服务于习得这一根本目的。学习者也只有在自我习得中获得熏陶渐染的快乐，并在快乐中发掘自我习得内在的机制，才能真正实现高级汉语篇章习得的目标。

王蒙《成语故事新编》[①] 是一部微型小说集，每一个成语故事都是一篇自成一体的微型小说，而且篇篇都韵味无穷，读起来既令人忍俊不止，又使人哭笑不得。例如，作者通过《守株待兔》一文对这一成语故事古今的不同作了深刻的剖析：古人的“守株待兔”守的是野外树桩，待的是荒郊野兔；今人守的是村中大树，待的是社会上一个个不良不法之人；古人守株待兔的代价只是授人以笑柄，于身家性命无害；今日守株待兔者则先是人身受到攻击和污蔑，不但“被精神病”，讥为“笨伯”，而且还性命不保，暴毙而终。

通观王蒙《成语故事新编》，其新就新在推陈出新，把社会众相生的各种丑态淋漓尽致地展现在读者面前，其借古讽今手法正是通过字、词、句的选择，人、事、物的转换惟妙惟肖地呈现在读者面前，使人在回味中不免苦涩，鉴赏之中顿生感慨，借鉴之余难免扼腕。苦涩的是貌似聪明的今人竟然蠢得愚不可及，在现代人生的舞台上上演着一幕又一幕活话剧，让人痛心不已；感慨的是作者的典雅、高明、历史担当与文学创作的高度统一，为变革的社会开出一剂疗治沉疴的猛药，其勇气、卓识都令人肃然起敬；扼腕的是历史竟然惊人般地相似，民族的悲剧在一遍又一遍地重演，而相当一部分人竟然沉迷于此却浑然不觉，足以发

---

① 马树德（2003）《三下高级汉语教程》，北京语言大学出版社，第 27－29 页。

人深省。

可以说，学习者习得这类篇章的过程就是借成语故事之壳，识中国社会之体；循新编趣味之途，品故事创新之乐。因此，积极的思考、冷静的思维、科学的分析和联系古今的能力是必不可少的，阅读理解和阅读审美则是篇章习得的精髓。

总之，高级汉语篇章习得离不开字、词、句，以及句群、语段的支撑和引导，也需要语言知识作为习得的舟楫，但却不是它们的简单复制，而是上述诸要素的整合、融合与升华，也是相关科技、文化、社会知识的综合作用的结晶。因此，一味地强调字、词、句和语言知识的作用，不可能获得篇章习得的成功，只有将其与相关科技、文化和社会知识紧密结合，并做到具体问题具体分析，才能使篇章习得真正实现质的飞跃。

参考文献：

[1] 李扬（1993）《中高级对外汉语教学论》，北京大学出版社。
[2] 马树德（2003）《三下高级汉语教程》，北京语言大学出版社。
[3] 温晓虹（2008）《汉语作为外语的习得研究》，北京大学出版社。
[4]《现代汉语词典（修订本）》，商务印书馆。

作者简介：

于逢春，男，华侨大学华文学院教授。

对外汉语教学课堂语言探讨

郁　梅

上海海事大学国际教育学院

内容提要： 课堂语言教学是一个必不可少的教学环节，在问卷调查和访谈调查的基础上，本文开展调研分析，对课堂语言这一问题开展探讨。调查内容主要为留学生对通用媒介语（英语）认可程度及学习效果。分析结果表明，对外汉语课堂教学语言既有第二语言教学的特点，又因其教学对象的差异具有复杂性。教师需要适时调整，以达到最佳对外汉语课堂教学效果。

关 键 词： 对外汉语；课堂语言；通用媒介语

一、课堂语言

课堂语言教学是一个必不可少的教学环节，也是语言教学中总体设计、教材编写、课堂教学和语言测试四大环节中最为重要的一环，其他环节都必须为课堂教学服务。对外汉语课堂教学语言是指对外汉语教师在与学生进行实际交流时所用的“二次”语言，也就是在原自然语言基础上经过加工的语言，其目的是顺利地完成对学生的主要信息的传递工作。对外汉语是针对外国人进行的汉语教学，对外汉语教学独特的教学对象、教学目的和所处的语境，使课堂教学语言有其自身的特殊性，课堂语言既有讲授语言的作用，又有语言示范的作用，既是帮助教师传递信息、完成教学任务的媒介语，又是学生需要掌握、习得的目的语。教师能否与学生进行有效地相互沟通，化解教学难点，让学生获得学习的成就感，并能较为持久地保持学习动力和兴趣，是教师组织课堂教学语言必须考虑的因素。因此，在语言教学课堂中，课堂语言直接影响着教学效果和教学质量。在外语和第二语言习得过程中，课堂教学中教师话语的数量和质量会影响甚至决定课堂教学的成败。

当前，多数对外汉语教学班级都是混合班级，即同一班级既有来自欧美的学生，也有来自日韩印的亚洲学生，很少能做到针对学生母语背景编制对外汉语学习班。面对来自不同国家、语言背景不同的汉语学习者，教师是可否以使用通用媒介语（英语）呢？关于这个问题，对外汉语教学界有不同的看法。有些学者主张使用通用媒介语（英语）进行对外汉语课堂教学，（徐品香，2008；李黎，2012）有些学者则不主张使用。（梁宁辉，1998；王汉卫，2007）本文试图在对初级和中级班的留学生及其教师进行问卷和访谈调查的基础上对这一问题做进一步的探讨。

二、课堂教学中媒介语使用情况调查

（一）调查的目的、形式、对象和方法

调查的目的主要有两个方面：一是教师在初级和中级班的对外汉语课堂教学中使用通用媒介语（英语）的情况及其对在教学中使用通用媒介语（英语）的看法；二是初级和中级班的留学生对教师在课堂教学中使用通用媒介语（英语）的态度。调查分问卷和访谈两个部分。问卷调查分学生问卷调查和教师问卷调查两种，前者采用中英文两种语言书写，共30份；后者仅用中文书写，共5份。访谈调查采用交谈的方式，由调查人提出一些问题让被试者回答，作为问卷调查的补充。调查对象分别是上海海事大学两个初级和中级班（L3 \ L4）的留学生及其教师。参加调查的共有40名留学生，L3和L4各四位任课教师。这些留学生来自20个国家，已经学了1年~1年半的汉语。这5位教师都有至少3年以上从事对外汉语教学的经历。学生问卷调查由任课教师协助，在两个班级分别进行，除个别不懂英语的学生需要老师帮助外，其他学生都能利用课堂时间独立完成。教师问卷调查是在课后单独完成的。

（二）调查结果及分析

对外汉语初级和中级班L3、中级班L4课堂教学中媒介语使用情况学生问卷调查表如表1-4所示。其中，中级班L3（21人）和L4（19

人）留学生生源情况如表5。

表1　媒介语英语熟练程度

	英语是母语	熟练掌握	不太熟练	不懂英语
L3				
L4				

表2　媒介语英语对汉语学习的帮助程度

	很有帮助	有些帮助	没有帮助
L3			
L4			

表3　汉语学习对媒介语英文依赖程度

	完全依赖	部分依赖	不依赖
L3			
L4			

表4　课堂语言媒介语偏好程度

	多讲英语	有必要时讲少量英语	请勿讲英语
L3			
L4			

通过对L3的21位学生进行问卷调查，笔者发现：

（1）约46%的学生熟练掌握英语，约46%的学生英语不太熟练，约8%的学生不懂英语。

（2）36%的学生认为汉语对英语学习很有帮助，约占三分之一；46%的学生认为英语对汉语有些帮助，约占一半；18%的学生认为英语对汉语没有帮助。

（3）完全依赖英语学汉语和不依赖英语学汉语各占约36%，部分依赖约占28%。

（4）约46%的学生希望教师多讲英语，约占一半；约40%的学生希望教师有必要时讲少量英语；约 14% 的学生希望教师不讲英语。

表 5　L3 和 L4 班级留学生生源

	L3（人数）	L4（人数）
日本	11	4
韩国	0	2
印尼	2	1
加纳	1	2
英国	1	0
瑞士	3	1
法国	1	2
德国	2	0
西班牙	2	2
俄罗斯	2	1
美国	2	1
巴西	1	1
秘鲁	0	2
合计人数	21	19

通过对 L4 的 19 位学生进行问卷调查，笔者发现：

(1) 约 58% 的学生熟练掌握英语，约 33% 的学生英语不太熟练，约 9% 的学生不懂英语。

(2) 25% 的学生认为汉语对英语学习很有帮助，占四分之一；50% 的学生认为英语对汉语有些帮助，占一半；25% 的学生认为英语对汉语没有帮助。

(3) 没有学生完全依赖英语学汉语；部分依赖英语学汉语各约占 58%，超过一半；不依赖约占 42%。

(4) 没有学生希望教师多讲英语，约占一半；约 67% 的学生希望教师有必要时讲少量英语。

通过对学生访谈调查结果的整理分析，笔者认为来自欧美国家的留学生和来自韩日等非熟练掌握英语国家的留学生看法有较大不同，因此分开总结：

来自欧美国家的留学生：

(1) 教师讲课的时候都会用到通用媒介语（英语），但用得不太多。

(2) 汉语学习过程中，需要教师在课堂上多使用通用媒介语（英语）讲授。

(3) 书上有些英文译释，令人感到费解，还需要教师做进一步的解释。

来自韩日的学生及非熟练掌握英语国家的留学生：

(1) 教师上课说太多英语增加了学习的难度。

(2) 英语有时对汉语学习会造成干扰。

(3) 教师应逐渐减少通用媒介语（英语）的使用量，或者不使用媒介语（英语）。

从学生问卷调查和访谈调查的结果可以看出，一方面，L3 的学生对英语的依赖程度要高于 L4，L4 的学生已不太依赖英语来学汉语。另一方面，来自以英语为母语国家的留学生在学习过程中对通用媒介语（英语）有较大的依赖性，他们需要教师在课堂教学中使用通用媒介语（英语），他们认为用媒介语（英语）对他们学习汉语有帮助，对教师在课堂教学中使用通用媒介语持赞同的态度。来自英语非母语国家但英语非常熟练的欧美国家留学生，他们的观点和前者基本一致。来自韩日的学生及非熟练掌握英语国家的留学生则普遍认为，通用媒介语（英语）有时会对汉语学习带来干扰，老师在课堂上使用英语会增加他们的学习负担，对教师在课堂教学中使用通用媒介语持否定的态度。

根据以上调查结果和分析，笔者得到如下 4 点启示：

(1) 英语是世界通用的语言，对熟练掌握英语的留学生，英语在汉语作为第二语言的教学中可以充当媒介语。

(2) 对外汉语初级和中级教材中的生词、语言点、练习等都配有英文注释，教材媒介语的选用具有导向作用。

(3) 媒介语的使用具有阶段性特征，教师应明确媒介语的过渡性特质，把握媒介语向目的语转向的时机。

（4）留学生对媒介语的需求又具有明显的国别化特征，教师应考虑英语不熟练的学生的学习需求。

另外，关于课堂教学中媒介语（英语）使用的原则，借助英语是英语背景的初级和中级阶段的留学生在汉语学习过程中使用的主要学习策略，他们无论是在自主学习中还是在课堂学习中都对通用媒介语（英语）有较大的依赖性。但是，我们知道，媒介语（英语）对留学生的汉语学习既有积极的作用，又有消极的作用；留学生对媒介语（英语）的需求具有明显的国别化特征，且各自的需求量不一，因此，我们认为教师在初级和中级阶段的对外汉语课堂教学中使用通用媒介语（英语）时一定要遵循适度的原则。课堂教学中媒介语（英语）使用的原则具体应从以下三个方面进行把握：

1. 根据教学对象，了解学生的需求和意愿

学生的需求和意愿是媒介语选择的重要依据。教师在对外汉语课堂教学中使用通用媒介语（英语）之前，首先要了解英语作为通用媒介语是否符合大多数学生的需要和意愿。教师在课堂教学中切忌滥用通用媒介语（英语），媒介语使用量的多少应视学生的需求程度而定。

2. 根据教学内容，把握好使用范围

课堂教学中通用媒介语（英语）的使用不仅要看教学对象，而且要根据教学内容，把握好使用范围。在初级和中级班的对外汉语课堂教学中，媒介语（英语）应主要用于部分汉英差异较大的生词、语法和文化背景等方面的讲解和介绍。

3. 注意课堂教学媒介语（英语）使用的阶段性

课堂教学媒介语的使用具有明显的阶段性特征。教师在课堂教学中还应注意通用媒介语（英语）使用的阶段性，并控制好各个时段媒介语的使用量。本文所作的调查针对对外汉语初级和中级班的学生，由此可以看出，通用媒介语（英语）一般主要是在基础班（汉语学龄0－半年）的学生基础阶段使用，进入初级和中级班（汉语学龄1－2年）后应逐渐减少，中高级班（汉语学龄2年以上）应使用目的语作为课堂教学语言。

三、结　语

对外汉语课堂教学语言既有第二语言教学的特点，又因其教学对象的差异具有复杂性。教师要根据教学对象、授课内容等实际情况，适度使用通用媒介语（英语）进行教学。学生要学习的目的语是汉语，通用媒介语（英语）只是在初学阶段对学习汉语有帮助，通用教学媒介语（英语）的使用还要准确、规范，以充分发挥其在汉语学习中的正迁移作用，尽量避免负迁移产生。总之，使用通用媒介语（英语）进行教学，教师应把握适时、适度、适量的原则，尽快让学生适应目的语作为课堂教学语言。

参考文献：

[1] 梁宁辉（1998）不用媒介语从事对外汉语课堂教学的探讨，《汉语学习》第3期。

[2] 李黎、毛继桂（2012）试析英语在对外汉语教学中的中介语作用，《海外英语》第8期。

[3] 王汉（2007）对外汉语教材中的媒介语问题试说，《世界汉语教学》第2期。

[4] 徐品香（2008）初级和中级阶段对外汉语课堂教学中媒介语使用问题探讨，《现代语文》（语言研究版）第9期。

[5] 王汉（2007）对外汉语教材中的媒介语问题试说，《世界汉语教学》第2期。

作者简介：

郁梅，新加坡南洋理工大学教育学硕士，现任教于上海海事大学国际教育学院，从事对外汉语教学工作多年。

日本本土汉语教材特征分析

——以三套日本初级汉语教材为例

辛　平

北京大学对外汉语教育学院

论文提要：本文选取了三套有代表性的日本初级汉语教材，[①] 基于对比的视角，从三个方面探讨了日本本土汉语教材的特征。通过考察分析，我们发现日本本土教材具有如下特征：1. 重视语言知识，尤其是语音和语法知识；2. 说明方式易懂，针对性强；3. 不重视课文及生词。文章最后探讨了国外本土汉语教材的特征对国别化教材编写的启示。

关 键 词：汉语教材；国外本土教材；日本汉语教材

近年来教材的国别化研究逐渐引起研究者和教材编写者的关注，国外本土教材的分析研究无疑会给国别化教材的编写提供切实的参考依据。日本汉语教材的研究上世纪末、本世纪初开始出现，比较有代表性的有王顺洪（1991）、张英（2001）、石汝杰（2004）、岛美红（2009）、津田量（2010）等学者的研究，张英（2001）比较全面地分析了日本汉语教材的出版现状以及教材的词语、语法的难度等级问题，津田量（2010）介绍了 1998—2007 日本汉语教材的出版及销售情况，分析了日本课堂内汉语教材和课堂外学习材料的两级分化状态并提出完善两类教材的建议。岛美红（2009）选取了三部日本的初级汉语教材，对比分析了课文题材及体裁、课文长度、生词量、生词等内容。

本文主要是从国内教材与日本汉语教材对比的视角出发，对日本汉

---

① 三套教材的主要作者都是日本人，具体为：《チャイニーズ プライマー》古川裕，东方书店 2009 年；《一步一步学汉语》清原文代等，白帝社 2011 年；《一年生のころ》相原茂等，朝日出版社 2002 年。

语教材的语音、语法、课文、词语、练习五个部分进行描述和分析，探讨日本汉语教材的本土特征，以期为国别化教材的编写及国际汉语教学提供参考。

本文分析的三部教材为日本国内出版的供大学使用的初级汉语教材，主要作者均为日本人，使用的大学比较多，具有一定的影响力，（岛美红，2009）具体情况见下表：

表1　三部教材的基本情况

教材名称	作者	出版（再版）时间	出版单位
チャィニーズ プラィマー（Chinese Primer）①	古川裕	2009	东方书店
《一步一步学汉语》（上）	清原文代等	2011	白帝社
《一年生のころ》②	相原茂等	2002	朝日出版社

一、三部教材的结构及特征

（一）教材的二分式结构

这三部教材在内部结构上都可以分成两个相对独立的部分，即语音部分和主体部分，主体部分包括语法、课文、词语及练习部分。教材的第一部分都是语音部分。《汉语初阶》目录中明确标明教材分为两部分：语音篇、初级篇；《一步一步学汉语》目录中分成语音篇和语法篇两部分，其中的语法部分即为包括课文、语法、练习的主体部分；《一年级的时候》共包括5单元，其中第一单元是语音内容。

每本教材中两部分所占的篇幅比例如下：

① 为了方便，下文把这部教材的名字称为《汉语初阶》。
② 为了方便，下文把这部教材的名字称为《一年级的时候》。

表 2　三部教材的内部内容结构及比例

教材名称	内部结构	
	语音篇篇幅及比例	语法、课文、练习篇篇幅
《汉语初阶》	33 页 28.8%	81 页 71.2%
《一步一步学汉语》	24 页 21.23%	89 页 78.77%
《一年级的时候》	28 页 21.54%	102 页 78.46%

从上表中可以看出，三部教材中，语音部分所占比例在 24—33 页之间，占整本教材的五分之一以上，与国内编写的初级汉语教材相比，语音篇所占比重较大。博雅汉语《起步》1 中的语音部分所占比例为 7.0%（语音部分 15 页；主体部分 199 页），《当代中文》初级的语音部分的比重为 5.6%（语音部分 10 页；主体部分 167 页）。

（二）教材主体部分的内容及呈现方式分析

《汉语初阶》的主体部分是学习目标（语法知识）——课文（会话）——语法——练习。

《一步一步学汉语》这本教材分为语音部分和语法部分，语法部分由以下几部分构成：语法学习内容提示——例句——生词——语法、练习——练习——课文（会话）。

《一年级的时候》各部分组成顺序为：生词——课文（会话）——语法——对话重复（无拼音）——语言点及练习——补充词语。

三部教材主体部分的内容和呈现方式各不相同、各具特点，共同具有的内容为语法、语法练习以及课文会话部分。《一步一步学汉语》的生词部分是采用旁注的形式呈现，没有集中的词汇表；而《汉语初阶》中没有生词部分。课文位置不固定，《一步一步学汉语》中的课文部分放在最后。

下面我们将分别考察教材的语音部分和主体部分。

二、教材中语音部分的内容及特征分析

我们考察了三部教材中的语音部分，发现三部教材的语音部分所包括的内容基本相同，所占篇幅也差异不大。下面我们具体分析三部教材

语音部分的内容、说明方式以及语音练习。

（一）教材中语音部分的特征

1.《汉语初阶》的发音部分包括8课，分别介绍了汉语语音中的①音节构成、声母；②声调（包括轻声）；③单韵母；④声母表；⑤复韵母；⑥鼻韵母；⑦变调以及儿化等部分，每一部分多使用有意义的题目，如“单韵母”一课的题目是“我也饿了”，这个四字的拼音都是单韵母。“变调”一课的题目是“英雄好汉”，四个字包含四个声调。“儿化”一课的题目是“好好儿学习，天天向上”，设计巧妙，有趣味性。

语音部分介绍较为系统、详细，在语音部分开篇，提出汉语语音的结构是IMVE式，即initial（声母）、medial（介音）、vowel（主要韵母）、ending（韵尾）。

在鼻音韵尾部分介绍了n和ng在发音方法上的区别（在日语中这组音有时没有区别作用），并指出相对应的日语语音。

说明用语全部为日语，说明的方式基本采用比拟方式说明语音特点，比如在声调部分，用日语分别说明四个声调的发音特点，一声是“好像收音机中报时的声音”，轻声是“不保持自身的声调，受前字声调的影响，轻而且短，好像日语中的骂人的话‘ばか’一样”，而“e”是“从喉咙里发出的ぉ”，“好像有人把刀扎在你的后背上，你突然发出的声音”。有的说明也使用比拟的方式说明了发音方法，比如发ü时“口型好像吹笛子一样突出来”进行语音说明时注重和日语的语音进行对比，比如介绍“ɑ”的发音方法时，指出“ɑ”比日语中的“ぁ”更清楚。

语音练习部分采用的是有意义的材料，比如说单韵母的练习使用了:“他饿了，你呢？我也饿了”等句子。用“一路平安”、“一言为定”、“一举两得”、“一见钟情”，练习了“一”的变调。用“妈妈、爷爷、奶奶、爸爸”练习轻声，这四个称谓正好体现了四个声调后字轻声的差异。

在语音练习部分学习了数字1—100的读法、中国的地名、常见的寒暄语。

2.《一步一步学汉语》语音部分一共四课，内容包括：①声调、单韵母、复韵母、声调标法；②声母；③声调组合及变调，“不”的变调，在三声变调中，明确提出“半三声”的概念相似音的练习；④介绍了音位变体现象，轻声和儿化。

说明语言均为日语，语音的说明侧重发音方法的讲解，但是没有使用专业术语，而是使用日常生活中常见的现象、事物、行为作为比况物，比如说明 h 的发音时，说明“气从喉咙后面出来，摩擦音，好像冷的时候哈气暖手的样子”；又如在说明发“ch”的时候，说明“舌头的形状像平放的勺子”。

在发音练习中，练习了中国各省的名称、简单的寒暄用语等。

《一步一步学汉语》与《汉语初阶》的语音部分相比，内容有所减少，一些日本人易混淆之处没有着意说明，如 u 和 ü、n 和 ng；对于日语中没有的“r”的说明也比较简单：“发 sh 时，声带不振动，发音方法、部位不变，声带振动，发出的声音即为‘r’，好像日语的‘り’一样”。

3.《一年级的时候》使用了日本汉语教学界广泛使用的“相原茂语音体系”。语音部分包括 5 个单元，第一单元介绍了声调、单韵母；第二单元介绍了汉语音节构成；第三单元介绍了鼻音，ɑ \ e 系列的鼻音，e 的音位变体；第四单元介绍了变调，包括轻声、儿化等；第五单元是语音小结，总结了声调，汇总练习了日本人的难点语音等。

解释说明全部使用日语，讲解的方式有以下三种：

(1) 从与日语发音对比的角度说明发音方法，如“ɑ”比日语的“ぁ”舌位往下，清楚；“o”比日语的“ぉ”唇要圆、突出；“e”发“o”音后，唇保持圆形，舌位不变，唇稍稍左右伸展，喉咙深处发出类似日语“ぉ”的声音；“er”是用“ɑ”的口型，说“e”，同时，舌尖上卷，好像两个日语假名“ァル”不分开的声音。

(2) 采用了比拟性的说明方式，如四声像乌鸦的叫声。

(3) 使用了很多漫画风格的插图，说明发音的要点。

总的看来，《一年级的时候》的语音部分知识系统，而且还单设了语音小结单元，汇总了日本人的发音难点，并设计了相应的练习，在语音说明上更侧重与日语发音的对比。

(二) 三部日本汉语教材语音部分特征分析

1. 日本教材重视语音部分，教材中语音知识全面、系统、切分细致，讲解易懂。反映了教材编写者对于语音学习的重视。

2. 讲解的方式富有特色，发音方法的说明方式主要有三种：一是基于语音对比角度的说明，比如，“ɑ”比日语中“あ”要清楚，“o”比日语的“お”唇要圆、或者发“u”这个音时，嘴要比日语的“う”更圆、前突等。二是使用比拟的方式解释发音方法。三是用比拟的方式描述语音特点，比如四声“像乌鸦的叫声”，“h”要像“冬天用嘴里的哈气暖手”那样，“e”像“有一把刀突然扎到你的后背，你发出吃惊的声音”。有时三种方式联合使用，特别是在说明日语中没有的语音时。当然这种解释有时也不十分准确，有的甚至可能会造成日本人特有的发音偏误。

3. 针对性强，突出日本人的语音难点。对日本人难以掌握的语音用不同的解释方式说明讲解，比如 e \ ch \ r 等使用了三种说明方式，同时还设置了有意义的、有针对性的练习。

语音部分往往是汉语学习者最初接触到的汉语语言现象，语音学习会在很大程度上影响学习者学习汉语的效果和继续学习的兴趣，因此语音部分的内容以及呈现方式是关乎教材是否成功的重要因素之一，日本汉语教材中语音部分的处理对于我们编写国别化教材确实有可资借鉴之处。

三、教材主体部分的特征描述及分析

（一）三套教材主体部分的特征描述

我们主要考察了三部教材主体部分中的课文、语法、练习、生词四个方面的内容。

1. 《汉语初阶》主体部分的呈现顺序是：学习目标——课文——语法——练习。

每课前都简单介绍要学习的语法项目、主要学习内容以及对话的场景。

课文形式为对话，对话部分较长，对话的角色很多，都是日本大学生活中常见的角色，如中国留学生、老师等。课文在内容上没有连续性；对话背景是在日本。对话比较重视真实性，与国内的汉语教材相比，内容比较丰富，如第一课寒暄中，出现了“不要客气，请随便”“我姓杜，杜甫的杜”“我们说话不用‘您’，还是用‘你’吧”“这茶味道很好，包你满意”“找你一百三十块，请点一下”等内容，这些句子在国内编写的初级对话中，一般很少出现。

语法部分讲解详细，有汉语例句，日文讲解说明，每个语言点下都设有 3—4 种练习，练习除了完成句子、翻译外，出现了“借文练习”①的形式。

课文后有一个应用练习，形式主要是模仿课文对话，把一段日语对话翻译成中文。教材没有生词的部分。

总的来看，这本教材主体部分的特点是：①对话是按照语法知识为纲编排的，课文背景在日本，对话人物非常多，故事不连续，比较重视对话细节上的真实性。②语言点练习丰富，语言点下有多种形式的练习，是教材的重点。③没有生词表，也没有关于词语的练习。

2.《一步一步学汉语》

这本教材分为语音部分和语法部分，语法部分由以下几部分构成：语法学习内容提示——例句——生词——语法、练习——练习——会话；其中的例句由一两个句子构成。生词表中给出的生词只是例句中出现的词语，数量少，说明也很简单，以说明意思为主。

语法部分所占比重最大，有日文讲解、中文例句。每个语言点下设 2—3 种形式的练习。在语言点的部分还出现了旁注，内容包括语言知识的延伸，比如在讲解人称代词时，旁注上注明：“在中国南方‘我们’和‘咱们’一般不区分”。同时例句中的生词也采用旁注的方式给出。

除语言点下设的特定练习外，还有补充练习，练习语法知识。

练习之后，提供一篇对话，对话中包含了学习的语法知识，对话有拼音和日语翻译。对话的背景是在中国，内容是日本留学生在中国的生活。会话后无任何形式的练习，对话中出现的生词采用旁注的形式给出。

---

① 借文练习一般是两个句子组成一组，但两个句子的练习要求不同，比如第一个是翻译成中文，第二个是按照上面的句型，完成句子。

总的看来，这本教材的特点是：①以语法为中心，语法所占篇幅长，内容说明细致，练习丰富。②生词分散，地位不突出，生词表内容简单，只是例句中的生词，其他部分的生词只以注释的方式出现，注释内容仅为词语的意思。③课文部分内容少，主体部分的最后为一篇对话，类似语法知识的应用实例，既不突出语言功能也没有任何形式的练习。总之，教材的主体部分相当于语法知识手册。

3.《一年级的时候》

这本教材各部分组成顺序：生词——课文——语法要点——对话重复（无拼音）——语言点及练习——词语学习。

生词部分在这本教材中称为“辞书”，包括内容较多，有拼音、日语翻译的意思、汉语例句、例句的翻译。一些具有语法意义的词也放在生词表中，比如第一课的“吗”、第二课的“吧、也、啊”等，这类词都附有语法意义的说明和例句。因此“辞书”这一部分，在一定程度上承担了说明语法知识的功能。

课文为对话形式，对话背景在日本，内容是在日本的中国留学生和日本同学的生活，对话的角色是固定的，整本教材反映的是三个学生的生活，三个学生，一名男生、两名女生，会话中包含一些微妙的爱情因素。

语言要点在体例上是日文讲解、中文例句。讲解比较简单。后面有语言点的练习，练习题目用日语给出，每个语言点下都附有练习，练习形式是日译中等。

总的来看这本教材的特点是：

（1）词语部分内容丰富，甚至包含了部分语法内容。

（2）对话的内容是一个有连续性的故事，故事相对完整，对学习者有一定的吸引力。

（3）语言点讲解部分简练，每个语言点下都附有练习。

（4）练习都是针对具体语言点的练习，课文以及词语部分都没有练习。

从分量上看，每一课中生词部分和语言点练习部分内容较多。

（二）三部教材主体部分的特征分析

经过分析我们发现这三套初级汉语教材有以下特点：

（1）注重语法知识的学习，语法知识讲解清楚、练习丰富。每个具体的语言点下附有数量不等的不同形式的练习，与中国国内出版的教材语法部分相比，显得尤为突出。

（2）体现语言交际功能的部分基本处于空白状态，缺乏语言功能项目的说明，也没有相应的练习。

（3）对话的背景与日本人的生活相关，或者是发生在日本，或者是日本留学生在中国的生活，不重视课文学习，有课文附在一课的最后，也没有针对课文的练习。

（4）三本教材的生词处理方式差异很大，有的没有生词部分，有的生词部分包含了语法知识，有的生词采用旁注的形式出现，都没有词语方面的练习，反映出词语本身并未受到重视。

四、日本汉语教材的本土特征及对国别化教材编写的启示

（一）日本本土汉语教材的特征及分析

综合教材的语音部分和主体部分的描述分析，我们认为日本本土汉语教材与国内初级汉语教材相比，有如下特点：

（1）重视语言知识的学习，尤其重视语音知识和语法知识的学习。知识部分所占篇幅最多。知识点划分细致，语言点下设的练习形式多、数量多。

（2）重视选择适合学习者的说明讲解方式，注重与学习者的母语进行对比。

（3）重视日本人学习的难点，从日语和汉语对比的角度对难点进行说明，并设计相应的练习。

（4）会话部分和词语部分处于次要地位，课文为语法知识的应用实例，但课文内容较为贴近日本学生的日常生活，具有一定的实用性。

本土教材上述特征形成的原因较为复杂，但是一般来说教材的选择者是教师和教学管理者，因此满足教师和教学需要是教材编写者的目标。而对于教师来说，选取教材除了注重其中体现的教学理念以外，还应关注教材的操作性以及使用上的便利性。大部分日本本土汉语教师都

是日本人，汉语都是外语，因此对汉语语言本体知识有一定需求，而词语部分对于本土汉语教师来说可以用母语讲解，不需要做过多的说明和练习，因为这些原因，教材的编写者自觉地加大语音、语法部分的内容，以方便教师备课。因此可以说教师因素在一定程度上影响了本土教材的特征的形成。

日本汉语教材体现了日本人汉语的学习难点，也比较符合日本人的学习风格，同时也反映了非目的语环境中汉语教学特点，这些方面都值得我们思考和借鉴。

（二）对编写国别化汉语教材的启示

考察分析日本本土汉语教材的特征，对于国别化教材的编写具有启发意义，表现在以下几个方面：

（1）教材中呈现的语言知识要注意系统性，语法、语音知识要细化，讲解方式要多样、易懂。

（2）进一步研究使用对象所属国的学习者汉语学习上的难点，教材编写者应掌握学习者的母语或者和本土教师合作，教材中应充分利用学习者母语。

（3）国别化教材不仅要关注学习者国家的风俗习惯，还应该了解学习者的认知风格和学习特点。

（4）国别化教材要考虑到本土教师的特点，便于教师使用。

日本本土汉语教材的分析，对在日本进行汉语教学也具有一定的启发意义。

参考文献：

[1] 岛美红（2009）日本初级汉语教材分析，中山大学硕士学位论文。

[2] 津田量（2010）日本汉语教材综合研究及分析，《汉语学习》第2期。

[3] 石汝杰（2004）日本的汉语教科书及其出版情况介绍，《世界汉语教学》第2期。

[4] 王顺洪（1991）近十几年来日本的汉语教科书，《语言教学与研究》第3期。

[5] 姚帆（2011）关于日本汉语教材的几点分析，《佳木斯教育学院学

报》第2期。
[6] 张英（2001）日本汉语教材及分析，《汉语学习》第3期。

作者简介：

辛平，语言学与应用语言学博士，北京大学对外汉语教育学院副教授，主要研究方向为写作教学、词汇教学及国际汉语教育。

从构词角度谈印尼语的“mata”与汉语的“眼”

［印度尼西亚］蔡京伟　郭曙纶
上海交通大学国际教育学院

内容提要：印尼语表示眼睛的词语只有一个“mata”，汉语中表示“眼睛”的词语略多。本文只选汉语中的“眼”映照在印尼语的“mata”所产生新意义的词语组合作比较。通过比较发现二者词语的构词能力确实存在差异。因为印尼语中表示眼睛的词语比较单一，故产生新词的语义比较抽象。从眼睛的具体转移到无形的语义，引申出的新词具有抽象的眼睛。

关 键 词：构词；mata；眼；印度尼西亚语；汉语

一、引　言

作为人和动物五官中最重要的一部分，“眼睛”这一器官历来备受人们的重视。对人来说眼睛是身体部分中最重要的工具。世界各民族语言中与眼睛有关的词语不胜枚举，但其所指却都不尽相同。故产生了许多与眼睛相关或代表眼睛的词语。甚至在有些语言中，直接使用表达眼睛的词与其他词语组合，由此产生了许多新的词语且具有了新的意义。

印尼语和汉语分属不同的语系，因而两者表示眼睛的词语数量也是不同的。历史上印尼语当中表示眼睛只有“mata”一词，但汉语中表示眼睛的词语从古至今却发生了部分变化，从使用最经济的单音节词“目”发展为现在的双音节词“眼睛”。印尼语中表示眼睛的词语“mata”的具体含义为“中心、点或突出的地方”，这与汉语中表示眼睛的词语存在着相似的地方。本文所研究的是部分印尼语与“mata”组合后产生新意义的词语。

本文通过对词语和例句的分析，从词义的角度对印尼语中的“mata”和汉语中表示眼睛的词语进行比较，对这类词语的使用范围进行归纳和分类，分析词语搭配中所包含的意义，以及词语在句中所涵盖的意思。

二、眼睛是什么

印尼语当中表示眼睛的仅有“mata”一词，而汉语当中表示眼睛的词语却有很多，如“目”、“眼”、“眼睛”等。如此看来，印尼语中指眼睛的词语虽然数量单一，但作为一个词根，“mata”却具有很强的能产性，它在与其他词语搭配后会产生多种多样的意义，有些甚至与“眼睛”的本意毫无关系，如“matahari”指太阳，“mata pisau”指刀刃，等等；而汉语中表示眼睛的词语对印尼语来说要多得多，作为同样指代眼睛的三个词语，汉语中的“目”、“眼”、“眼睛”在用法上有所不同，在使用范围方面也存在差异。

由于属于不同语系，印尼语和汉语在表示眼睛这一意义时采用了不同的方法，汉语词语形式多样，而印尼语词语内涵丰富。我们希望通过对印尼语和汉语中表示“眼睛”意义的词语的研究，探索二者构词能力的异同。

印尼语大字典对“mata”的说明为（1）alat pancaindra pada muka manusia atau binatang yang digunakan untuk melihat；indra untuk melihat；indra penglihat；（2）sesuatu yang menyerupai mata（seperti lubang kecil，jala，dsb）；（3）bagian yang tajam pada alat pemotong；（4）sela antara dua baris（pd mistar，derajat，dsb）；（5）tempat tumbuh tunas（pd dahan，ubi，dsb）。1. 在人或动物的脸上用来看的感觉器官、感官视觉；2. 某种像眼的东西（如小眼儿、网，等等）；3. 刀具中锋利的部分；4. 两行中的缝隙（如尺子、度数等）；5. 长牙的位置（如树枝、薯等）。另外，它也可以作为名词“鸦片”的量词。

现代汉语词典对“眼睛”的解释是“眼”的通称。而对“眼”的解释则分为六类：一是人和动物的视觉器官，通称眼睛；二是小洞，窟窿；三是指事物的关键所在；四是围棋用语，指由同色棋子围住的一个或两个空交叉点；五是指戏曲中的拍子；六是用作井、窑洞的量词。

从上面两种语言对“眼睛”一词的解释，我们能够发现其中的一和二所指是相类似的。现在我们已经对印尼语和汉语中对“眼睛”一词的基本释义有所了解，我们将以此为起点，从而引出其他与“眼”意义有关的词语。

三、探索“眼”之词

在了解了“眼睛”的基本含义后，我们可以据此引出更多的词语。在这里我们借助了词霸搜索——高级汉语词典中对“眼”的解释来帮助分析，这也为我们接下来对印尼语和汉语中从“眼睛”一词引申出的词语进行比较做好了铺垫。

（一）词霸搜索对“眼”的解释

①（形声。从目，艮（gèn）声。本义：眼珠）

②同本义［eyeball］：“眼，目也。”（《说文》）“眼，限也。瞳子限限而出也。”（《释名》）“巽为多白眼。”（《易·说卦》）“比干剖心，子胥抉眼，忠之祸也。”（《庄子·盗跖》）

③泛指眼睛［eye］：“莫自使眼枯，收汝泪纵横。”（杜甫《新安吏》）

④又如：眼馋肚饱（贪得无厌；不知足）；眼意心期（眼中传意，心中期待）；眼黄地黑（心怀叵测，见财起意）；眼空四海（目中无人，妄自尊大）；眼张失道（睁大眼睛，说不出话来，形容受惊而痴呆的样子）；眼里出火（形容极贪婪的神情）；眼同检验（会同人员，共同检验）；眼皮子薄（比喻气量小，喜欢斤斤计较）；眼上眼下（上下端详）；眼眵眵（喻指极为厌恶憎恨的人）。

⑤眼力［sight；vision］。如：眼明手快（眼光锐利，手脚灵活）；眼光忒忒（眼神贼溜溜的样子）；眼忙心乱（眼神发急，心情慌乱）；眼离了（视物昏花模糊）；眼紧（眼光）；眼辨（眼力好）。

⑥耳目；眼线：“当下就带孙小二做眼，飞马赶到北关门下。”（《警世通言》）

⑦见证［witness；testimony］：“教地方公同作眼，将梁公家家财什

物变卖了。”（《古今小说》）

⑧又如：眼证（当场目睹可作证的人；见证人）。

⑨指孔；洞穴［aperture；small hole］：“泉眼无声惜细流。”（杨万里《小池》）

⑩又如：眼子（孔洞）；眼孔（孔；小洞）。

⑪任何网状物的线间空隙［mesh］。如：网眼；筛眼。

⑫事物的关键所在［key point］。如：节骨眼儿。

⑬围棋用语。成片的白子或黑子中间的空心，在这个空心中对手不能下子［trap］：“探春因一块棋受了敌，算来算去总得了两个眼。”（《红楼梦》）

接下来我们对以上13种释义（其实没有13种释义，这只是词霸释义编号的一个习惯）做进一步整理。

1. 词本义

第1部分将“眼”解释为“从目、艮声”的形声词，本意为眼珠。第2部分分析“眼”同本义，即“目”。这两个部分对“眼睛”的解释对于以形声字为特点的汉语来说是最合适的解释，可对于单纯表音的印尼语来说却并不合适。印尼语中表示“眼睛”的词从古至今只有一个“mata”，四个字母分属两个音节（ma－ta），每个音节都有一个元音一个辅音。

2. 含义指眼睛

第3部分泛指眼睛，第4部分则列举了一些与“眼”相关的成语。这两个部分的解释和印尼语的解释很相似。印尼语中以“mata”为词根构成的与“眼睛”相关的词语有很多，如：bola mata（眼球）、alis mata（眼毛）、tahi mata（眼屎）、air mata（眼泪）等。而且在成语中使用“mata”或由“mata”构成的词语的例子有很多，如：

(1)　Dari jauh　angkat　telunjuk，kalau dekat angkat mata

直译：从　远处 举起　手指头　倘若 近　抬起　眼

意思：如果做错了，别人会在背后或者跟前埋怨我们。

(2)　Mendebik　mata　parang

词直译：(用力) 拍击　眼　又长又宽的刀

意思　：对抗有权利的人（只能寻找问题）。

（3） Untung sepanjang jalan，malang sekejap mata

直译：得到好处 沿直 路 倒霉 一眨 眼

意思：难得得到运气，但常得到意外的突发状况。谨慎的行为、因为不走运会突然之间来临。

3. 含眼力或眼线

第5种含义为眼力，词霸中所举的例子有“眼明手快、眼紧、眼光、眼神、眼离了”等。与汉语相类似，印尼语中由“mata”构成的词有的也有“眼力”的意思，如（4） pandangan matanya tajam（pandangan：看；tajam：锋利。用锋利的眼睛凝视）、（5） mata lipas（lipas：蟑螂；没有颜色。暗淡的眼睛）、（6） silap mata（silap：视觉误差。看错了，好像看到的感觉）。

第6部分对“眼”的解释为耳目、眼线，并举了《警世通言》中“当下就带孙小二做眼，飞马赶到北关门下”为例。印尼语也有相类似的词语，但与汉语的意思有所差别，如（7） mata telinga（眼睛和耳朵）是个贬义词，常常用来称呼某个被当作别人的工具的人，或者指那些像奴仆一样的跟徒，或指一个党派（黑社会），亦如为汉奸、为坏人做事、像别人的走狗一样的人，还可以用来比喻间谍，但在意义上与间谍有所不同。（8） mata - mata（间谍）与上述汉语词具有相同的意义，意思是一个人被秘密地指派查找线索，并回来报告。这个词与汉语的“眼线”一词具有相似的意义。

4. 见证

第7种含义为见证，而第8种解释是眼证（当场目睹可作证的人；见证人）。这两种含义也有相通之处。印尼语中与其相类似的词是（9） saksi mata（现场目睹或目击者）。其中 saksi 的词义又被细分为五种：目击者或自己知道的所发生的一件事或事件；被认为知道那个事件的人邀请来到某个事件当中；为原告或被告的需要在法官面前提供信息的人；目击者所提供他知道或看到的信息（陈述证明）；bukti kebenaran（真实的证明）。正因为 saksi 的意义具有广泛性，将上文中第7、第8两种含义包含在内，因而能使用同样的词来表示。

5. 洞或网

第9种释义为孔、洞穴；第10种释义为眼子（孔洞），眼孔（孔、小洞）。这里两种含义在意义上也具有很强的相似性。印尼语中也有相似意义的词语如（10）mata air（泉眼）、（11）mata kakap（在船上排出水的小洞）和（12）mata jarum（针眼）。

第 11 种释义为任何网状物的线间空隙，如网眼，筛眼。印尼语中与此相类似的释义不仅有“网状”的含义，如（13）mata jaring（网眼）、（14）mata jala（网眼），还有“篮子”的意义。最初的篮子是用竹子编的，而且篮子的整体都有小空隙，看起来像眼睛一样。因此“眼睛”和篮子的关系更加紧密，从而产生了“篮子”。（15）mata keranjang 这一词语（keranjang：篮子。眼睛像篮子一样有很多眼，比喻什么都想要或指男人喜欢女人，好色的男人，贬义）。

6. 关键所在

第 12 种含义指事物的关键所在，如节骨眼儿、台风眼等。印尼语中含此意义词语有（16）mata pen（笔头）、（17）mata bisul（脓头）、（18）mata ikan（ikan = 鱼，译：鸡眼）、（19）mata bor（钻头的头）、（20）mata pisau（刀刃）、（21）mata bajak（犁头）等。这些词语都包含了锋利的意思，而锋利的地方正是关键所在。另外还有意指凸出来的骨头的词，如（22）mata kaki（踝骨），这也可能是因为踝骨与眼睛的形状相类似。

7. 用于围棋

第 13 种含义用于围棋中，指成片的白子或黑子中间的空心，在这个空心中对手不能下子。此种含义印尼语中无类似的用法。

（二）印尼语中的对“眼”的解释的分类

以上 13 种释义为词霸高级汉语中对“眼”的解释，下面我们将对印尼语“mata”与汉语“眼”一词的不同之处做进一步的解释。这里从引申意义上可分为六类，分别为：比喻、形状、功能、“点儿”特征、回忆、其他。

1. 比喻

如（23）mata duitan、（24）mata kucing、（25）main mata、（26）semata - wayang、（27）semata - mata。以下是对一些词语的具体解释。

（23）duit 的含义是钱，而后部分的 - an 是个词缀。但 duitan 相当于在游戏当中使用的类似于钱的玩具，也可以形容游戏中的钱。钱有圆形的硬币，但这部分的解释不仅只有钱的形状而已。mata duitan 的意思是比喻部分人对金钱的喜爱与专注，甚至可以说是疯狂地热爱金钱。

（24）kucing 指的是猫。众所周知，猫的眼睛在黑夜里什么都能够看得清，因为它的眼睛会发亮。从猫发亮的眼睛的意义发展到如今的科技发明使物体能够在黑暗里发亮，就把这个词引申到了物品上。因此当我们形容某个东西能够在黑夜里发亮时就会使用这个词。mata kucing 的意义是能够发亮的树脂、使用树脂的火把、灯或像灯一样的工具、开关或有液晶光的东西。

（25）main 其实有许多意义，其中之一是指随意的行为，特指婚姻外有关系的行为。这个词的意义是调情，与不属于自己的异性有眉来眼去的行为，有贬义。

（26）se－是词缀、wayang 指皮影，译：唯一、仅仅、一个。印尼语中的“se－”词缀能够表示“一个”的意思。故“一个＋眼＋皮影”的意思是现在拥有的是唯一的一个，可以用来说孩子或东西，其使用条件就是必须只有一个。

（27）se－是词缀，semata 指一只眼，译为：仅仅、唯一、免费、只有、只不过。上文我们已经解释了 mata－mata 的意义为间谍，但在这里，多了 se－这一词缀后，意义就完全不是一回事了。它能够用作名词或副词。

2. 形状

还有一些词因为形状与眼睛有关，因而得名。如（28）matahari（hari 是日，译为：太阳），因为太阳是每天出来又挂在天上且圆形如眼、成为标记时间和日子的眼。（29）Mata uang（uang 是指钱，译：货币）古代的时候钱的形状是圆形的，如铜币，而且它也是当时唯一的交换方式，所以它现在成为货币的称呼。（30）Mata sapi（sapi 是指牛，译为：荷包蛋）由于牛的眼睛是圆形的，而煎鸡蛋的时候如果蛋黄和蛋白分离得清楚时，蛋黄恰好在中间，就与牛的眼睛很相似。（31）Mata kemung：意思是大眼睛，kemung 是声音“gamelan”（甘美朗）乐队的“canang”像锣或鼓的长相且发出“mung”的声音。可能因为这种乐器的样子看起来像眼睛而且是大大的样子，所以有这个词的意义。

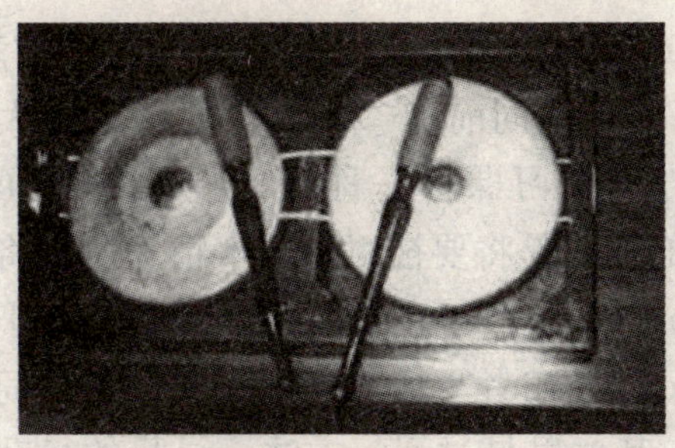

图 1 canang

图 1 canang

3. 功能

（32）Sekejap mata 中 kejap 是眨眼的意思，这个词语的意思是一瞬间或一眨眼。（33）Sekilas mata 中词根 kilas 的意思是非常快的速度，闪电，因此整个词的含义是看起来速度非常快。（34）Tercecah mata 中 tercecah 的意思是被接触一点儿、被碰到一点儿、被湮一点儿，因此整个词的意思是瞥见、浏览一下，这与上面提到的 sekilas mata 具有类似的含义。

4. “点儿”特征

如指方向的词（35）mata angin（指东西南北的方向或指南针），angin 的意思是流动的风、空气。印尼语中说 mata 有“某个点儿”的意义，所以在此处的意义是风流动（方向）的来源。

5. 回忆特征

如（36）cendera mata 和 tanda mata 特别指的是东西。Tanda 的意思是标识符、符号、象征、标记引导；Cendera 的意思是有瑕疵、破坏、略残疾、有一点伤。印尼大字典中对这两个词的解释相同，可在人们的认知中还是有一定区别的，前者为旅游纪念品，后者为一般纪念品。原因是这个词用在旅游胜地卖纪念品的地方所以被认为是旅游纪念品，而字典中一般解释为后者。这是因为后者经常在人们的口语或者句子中使用，而前者一般被认为去旅游时所买的纪念品。

6. 其他

另外有项目总称义的如（37）mata kuliah，kuliah 的意思是大学、授课在大学（专用的），这个词前面加“mata”的意义是对大学生课程进行逐点授课的项目。（38）mata pelajaran：pelajaran 是一个词根和两个词缀、前缀和后缀（pe + ajar + an）。其意义是所有要学习或被教授、学习材料、为了得到技能的练习。其词前加“mata”的意思是大学以下（从幼儿园到高中或者在外面补习课程）称呼的授课项目（专用的）。（39）Mata acara：acara 的意思是将要被讨论的事情、所有将展出或播出、编程的节目，所以 mata acara 等于在节目中的项目相当于节目表。（40）Mata pencarian：pencarian 或者写成 pencaharian，它是词根和前后的词缀（pen – cari – an），其意思是过程、方法、寻找的行动或生活主要的工作，所以这个词的意义是某事的主要来源方法、工作或维持生活的经济来源。

以上所列为印尼语中“mata”一词与汉语里不同的含义，但在这里还不是全部的分类，还存在着未分类的词语。这些未分类的词语将在本文后附的词语表中展示。

表 1　印尼语“mata”与汉语“眼”义词语对照表

	眼睛	意义来源	印尼语	汉语
1	形状	圆形	Matahari（太阳）mata uang（货币）mata sapi（荷包蛋）	眼眸
		球形	Mata dunia（世界的眼睛）bola mata（眼球或眼珠）	眼球、眼珠、眼界
		环形	Mata rantai（链子环）	眼晕
		凸形	Mata kaki（人体的踝骨）	金鱼眼
		大小	Mata sipit（中国人或日本人）	小心眼
2	功能	看	saksi mata（目击者、眼证）	眼证
		观察	mata – mata（间谍）mata telinga（耳目）	耳目
		睁眨	sekejap mata（一眨眼）tercecah mata（一眨眼）sekilas mata（看一瞬间）	一眨眼
3	容器	少或小	Mata kakap（船排水洞）mata air（泉眼）mata jarum（针眼）	泉眼、针眼
		多（网）	Mata keranjang（花心）mata jaring（网眼）mata jala（网眼）	网眼、筛眼

续表

	眼睛	意义来源	印尼语	汉语
4	特征	发出光线	mata lipas（暗淡的眼睛）tatapan mata（眼睛的注视）silap mata（看错）	眼光、眼波、眼岔、眼力、眼神
		剑刃	Mata pisau（刀刃）	
		尖头	Mata pena（笔头） mata bor（钻头的头）	
		钻出来	Mata（发芽）	
		点儿	Mata angin（方向） mata dadu（骰子上的点）	眼点
		回忆	Cendera mata（旅游纪念品）	过眼云烟
		当前	Didepan mata	眼下、眼前
5	其他	量词	Candu satu mata（鸦片）	一眼井
		项目	Mata pelajaran（授课课程）Mata pencarian（生活来源、工作）	
6	比喻		Mata duitan（喜欢钱）mata betung（不识字）menutup mata（死）banjir air mata（泪如泉涌）main mata（调情）Mata kucing（荧光灯）	眼馋、眼风、眼福、眼熟

四、结 论

印尼语和汉语分属不同的语系，且两者表示眼睛的词语数量也是不同的。历史上印尼语当中表示眼睛只有“mata”一词，但汉语中表示眼睛的词语从古至今却发生了部分变化，从使用最经济的单音节词“目”发展为现在的双音节词“眼睛”。而后出现的词语以双音节词“眼睛”占绝大多数。印尼语中对“mata”一词的研究并不丰富，缺乏参考资料。但通过由“mata”所产生的其他词语在词汇量上的丰富性，我们也可以大致推知，“mata”一词并不是单指眼睛，在长时间的使用之后产生出越来越多的新词语。

印尼语中表示眼睛的词语“mata”的具体含义为“中心、点或突出的地方”，这与汉语中表示眼睛的词语存在着相似的地方。因为汉语当中对“眼睛”一词的研究较为丰富，因此本文使用汉语中的分类来区分词的不同意义类别。尽管如此，但对印尼语“mata”的部分含义还是缺乏解释力，因此又另加了几种解释。

本文只是研究了印尼语中与“mata”结合能够产生出的新词，实际上这些词在用法上更为丰富多样，在句子中的使用会增加这个词的解释难度。因为在印尼人思想中对“mata”的含义有自己独特的解释。

由于时间和能力有限，本文中所解释的词语还存在很多漏洞和不足，但还是希望本文所作的归纳和分类能够为他人更深地挖掘“mata”一词的内涵做好铺垫，并为未来的学习者或研究者提供有价值的参考。

参考文献：

[1]《现代汉语词典》第5版，中国社会科学院语言研究所词典编辑室，商务印书馆。

[2]《Kamus Besar Bahasa Indonesia》(印度尼西亚语大词典)，Pusat Bahasa（语言中心），Departement Pendidikan Nasional（国家教育部），InvirCom 电子书《Peribahasa Indonesia》(印尼语成语词典)。

[3]《词霸搜索》高级汉语词典，http：//comic. sjtu. edu. cn/。

作者简介：

蔡京伟，女，上海交通大学国际教育学院语言学及应用语言学专业2012级研究生，研究方向为对外汉语教学。

郭曙纶，男，上海交通大学国际教育学院语言学及应用语言学副教授，硕士生导师，研究方向为对外汉语教学、语料库语言学、汉语语义分析。

马来西亚高校汉语学习者语言态度调查研究

[马来西亚] 叶婷婷
拉曼大学学院

内容提要：本文对马来西亚高校学生汉语学习态度和对态度产生影响的背景因素进行调查。研究方法采取问卷调查法和数据统计法。用 SPSS16.0 统计软件进行因子分析，得出五种态度因子：目的语群体态度、语言认同态度、学习情境态度、学业成绩态度和社会地位态度。统计检验结果：族群、学习汉语时间及所在高校为有效因素，性别、年龄为无效因素。

关 键 词：马来西亚；高校；汉语学习；语言态度

一、问题的提出

马来西亚自独立至今，汉语一直是华裔的母语，是华文源流学校的教学媒介，也是当地华人社会的通用语。其他族群较少学习汉语。近年来，随着汉语热在全球范围内的升温，加上中国经济的快速起飞，其他族群纷纷学习汉语。较为明显的是，当地高校汉语作为二语教学（以下统称"汉语教学"）课程受到其他族群学生重视并报名选修。因此，我们有必要探讨这些学习者的汉语学习态度，从中了解他们是抱着什么态度在学习汉语。通过分析他们的语言态度，为调整高校汉语教学课程设置与提高教学质量提供参考。

根据 Gardner & Lambert（1972：132），态度是研究第二语言习得的重要因素。态度是"学习者为了达到目标而表现出来的持久性"（attitude as "the persistence shown by the learner in striving for a goal"（Clement，1978：34；Ellis Rod，1985：117）。学习者对于他所学的外语或二语为本族语的民族所持有的态度和他自己民族中心感的相信，决定他学此语言能否成功。[①] 语言态度是语言学习者对目的语群体及其文化的看法。具体可区分为：1. 对目的语社团与本族语者的态度（Brown，1987：126）；2. 对学习目的语的态度；3. 对语言和学习目的语的一般态度。（Gardner R. C & Lambert W. E，1972：132；Stern，H. H. 1983：376－377）态度和第二语言学习之间的关系是双向的和动态的，可根据不同标准进行设定而有所不同。（Gardner R. C，1988：137、Ellis Rod，2003：210）目前针对当地高校学生的汉语学习态度进行实证研究的文献尚不多见。国外文献有倪传斌等（2004）、刘明男（2009）及聂志（2012）等，这些研究具有借鉴作用。然而，随着不同国家与学习环境等因素的变化，很多研究未必符合当地学生的实际情况。调查对象、语言环境和研究方法的不同，所得出的结论也不同。本文具体研究问题如下：

（一）马来西亚高校汉语学习者汉语学习态度有哪几种类型？

（二）学习者相关背景因素包括性别、年龄、族群、学习汉语时间（汉语水平）、所在高校对其汉语学习态度是否有影响。

二、研究方法

（一）研究对象

主要以马来西亚3所著名公立大学的汉语学习者作为研究对象，行文中一律采用A校、B校、C校来代替3所著名高校。

（二）问卷设计

基于考虑问卷符合当地国情背景，采用自行设计问卷。问卷格式和要求，参考了秦晓晴（2009）、Gardner（1985）、Tremblay & Gardner（1995）相关项目，以封闭式问题提问。第一部分内容包括受访者的个人背景资料。另一部分共有20条项目，并采用利克特4级量表（非常不同意、不同意、同意、非常同意）以区别被试对问题的认同态度。平均值在1～4之间。某项得分越高，表明认同度越强；得分越低，表明认同度越弱。问卷翻译成英语和马来语，以便学生更好理解问卷

① 王建勤（2001）《第二语言习得研究》，北京：商务印书馆，第297页。

内容。

（三）量表信度

调查问卷经 SPSS16.0 信度分析后显示这些项目的信度值（Cronbach’Alpha）在于.707 和.782。整体来言调查问卷的内部一致性皆属于高信度，反映了调查问卷的稳定性和可靠性。

（四）数理统计法

采用 SPSS16.0 统计法，T 检验、方差分析等方法对问卷的数据进行数理统计分析。

三、调查结果

（一）研究对象基本信息

研究对象约 500 人，最终收回问卷是 431 份，回收率 86.2%，淘汰不完整作答的问卷 26 份，有效问卷是 405 份，有效率 94%。

表 1　学习者的性别、年龄、大学、族群、学习汉语时间分布表

	基本资料	人数	百分比
性别	男 女	66 339	16.3 83.7
年龄	19—21 岁 22—24 岁 25 岁以上	179 212 14	44.2 52.3 3.5
高校	A 校 B 校 C 校	131 39 235	32 10 58
族群	马来族 华裔 印度族	373 17 15	92.1 4.2 3.7
学习汉语时间（汉语水平）	少于或 1 学期 2 学期 多于 2 学期	216 106 83	53.3 26.2 20.5

（二）学习态度因子分析

对问卷第二部分进行因子分析，归纳出 5 种态度类型，其因子分析结果如下表 2：

表 2　学习态度因子分析结果

项目	因子组合				
	1	2	3	4	5
4. 了解中国文化	.835				
3. 了解当地华人社会与文化	.757				
11. 了解中国和中国居民	.751				
1. 想到中国旅游	.627				
10. 对当地华人的尊重和包容	.494	(总平均值：3.06)			
8. 汉语越来越重要		.763			
9. 获得更多工作机会		.724			
12. 当地华人社会提供我一个良好的汉语学习环境		.607			
13. 当地华文媒体让我更容易学习汉语		.605			
7. 希望能说一口流利准确的汉语		.549	(总平均值：3.40)		
15. 今后会继续学习汉语			.740		
14. 大学汉语很有趣			.719		
19. 在大学汉语课学到很多东西			.614		
17. 希望大学汉语课时能增加			.516	(总平均值：3.19)	
16. 大学汉语老师很好			.407		
20. 大学汉语测试很容易				.763	
19. 大学汉语课程很容易				.738	
2. 相对于其他外语汉语比较容易	(总平均值：2.47)			.625	
5. 会说汉语，亲戚朋友会赞扬我					.820
6. 会说汉语，我的社会地位较高	(总平均值：2.75)				.810

表 2 显示 20 个项目的共同因子方差数值按因子负荷值由高到低排列，其均值介于 .407 到 .835 之间，远远高于 .30 的可接受性。（秦晓晴，2010：51；Julie Pallant，2007：185）由此可得出学习态度因子有较好的结构效度。

因子 1 包括 5 个因素，即“了解马来西亚华人社会与文化”“对马来西亚华人的尊重与包容”“到中国旅游”“了解中国人与中国文化”等因素，这些都表达对当地华人文化及中国文化等的尊重和兴趣。因此命名为目的语群体态度。

因子 2 包括 5 个因素，“希望能说一口流利准确的汉语”“汉语越来越重要”“获得更多工作机会”“当地华人社会提供我一个良好的汉语学习环境”“当地华文媒体让我更容易学习汉语”，都表达了认同汉语和汉语学习环境的重要性，将其命名为语言认同态度。

因子 3 包括 5 个因素，其中 4 项与学习情境层面有关，如“大学汉语很有趣”“在大学汉语课学到很多东西”“大学汉语老师很好”及“希望大学汉语课时能增加”。可命名为学习情境态度。

因子 4 包括“汉语测试很容易”“大学汉语课程很容易”和“相对于其他外语汉语比较容易”，认为汉语比其他外语容易学，容易考（score），属注重学业成绩、考取学分的看法。可命名为学业成绩态度。

因子 5 由“会说汉语，亲戚朋友会赞扬”和“会说汉语，我的社会地位较高”组成。虽然只有两个因素，但是考虑马来西亚是个多语种、多民族的国家，学习者基本掌握了国语（马来语）和英语（官方第二语言），有些甚至还会阿拉伯语。对他们而言汉语已经是第三语言或第四语言。学习者若能掌握汉语会比较自信，备受赞扬。可命名为社会地位态度。

从总平均值来看，从强度到弱度依序排列为：因子 2 语言认同态度（3.40）>因子 1 目的语群体态度（3.19）>因子 3 学习情境态度（3.06）>因子 5 社会地位态度（2.75）>因子 4 学业成绩态度（2.47）。

（三）学习者背景因素对其汉语学习态度的影响

对于学习者背景因素对其汉语学习态度的影响，本文仅呈现有显著差异的数据，未达显著的数据从略，所得分析如下：

1. 性别

经过 T 检验显示，五个因子变量的显著性概率（p 值）都大于 0.05 的显著水平，表明男性和女性的得分无显著差异。从平均值来看，除了学习情境态度方面男生（3.21）比女生（3.19）高之外，其余的 4 个态度因子皆以女生表现较男生佳。

2. 年龄

采用单因素方差（One way Anova）分析，结果显示因子 1：F（2，402）=1.048，P=0.352、因子 2：F（2，402）p=0.980、因子 3：F（2，402）p=0.769、因子 4：F（2，402）p=0.325、因子 5：F（2，402）p=0.633。结果表明各组被试的得分不存在显著差异。

3. 族群

表3　族群对语言态度的影响

因子组别	族群	人数	平均值	标准差	F值	P值*
4. 学业成绩态度	马来族	373	2.45	.517	4.448	.012*
	华族	17	2.64	.711		
	印度族	15	2.82	.415		

注：$*p<0.05$

在因子4上，结果表明各组被试的得分差异显著，F（2，402）=4.448，p=0.012。采用Scheffe法进行事后多重检验，结果表明印度族在因子4上得分显著高于马来族（p=0.030）。其余各组之间无显著差异。

采用单因素方差分析，结果表明：因子1：F（2，402）=2.829，p=0.060；因子2：F（2，402）=1.714，p=0.181；因子3：F（2，402）=0.955，p=0.386。而因子5：F（2，402）=0.168，p=0.846，结果表明各组得分无显著差异。

1. 学习汉语时间（汉语水平）

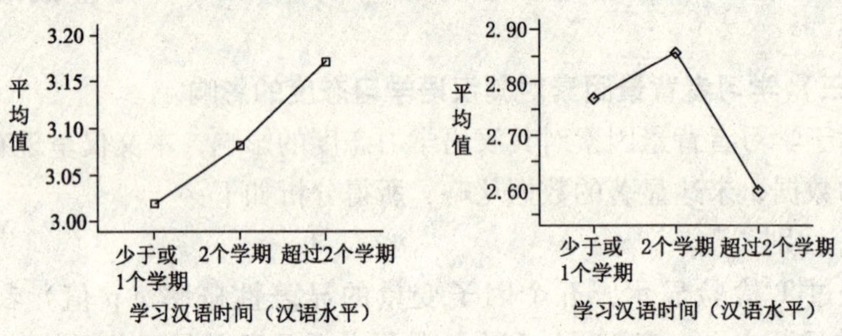

图1a：因子1平均值呈现图　　**图1b：因子5平均值呈现图**

图1：学习汉语时间（汉语水平）对语言态度的影响

因子1，由于方差不齐，采用独立多样本（Kruskal Wallis）检验，结果表明被试的得分显著差异，chi－Square=7.230，p=0.027。采用Scheffe法进行事后多重检验，结果表明学习时间超过2学期的被试得分显著高于学习少于或等于1个学期的被试（p=0.048）（如图1a）。其他各组之间无显著差异。由该图可以看出，学习时间与对目的语群体态度之间存在线性关系。结合方差分析结果和多重比较结果，可以得出结论，学习汉语时间越长的学习者对目的语群体态度越佳。

因子5采用单因素方差分析，结果表明各组被试的得分显著，F（2，402）=3.257，p=0.040。采用Scheffe法进行事后多重检验，结果显示学习时间为2学期的被试得分显著高于学习超过2个学期的被试得分（p=0.043）（如图1b）。其他各组之间不存在显著差异。

因子2：F（2，402）=0.452，p=0.637；因子3：F（2，402）=0.681，p=0.507；因子4：F（2，402）=1.348，p=0.261，结果表明各组被试得分无显著差异。

2. 所在高校

表4　所在高校对语言态度的影响

方差分析					事后多重检验						
		自由度	F值	P值	类别	人数	均值	标准差	组间比较	均值差	P值
因子1	组间	2	3.148	0.034*	A校	131	3.02	0.507	A校比B校	-.116	0.419
	组内	402			B校	39	3.22	0.460	A校比C校	-.083	0.289
	总	404			C校	235	3.02	0.475	B校比C校	-.200	0.059
因子4	组间	2			A校	131	2.44	0.541	A校比B校	-.258	0.027*
	组内	402	3.953	0.020*	B校	39	2.70	0.506	A校比C校	.018	0.950
	总	404			C校	235	2.46	0.516	B校比C校	-.239	0.031*
因子5	组间	2			A校	131	2.75	0.739	A校比B校	.290	0.074
	组内	402	4.117	0.017*	B校	39	2.46	0.682	A校比C校	-.054	0.773
	总	404			C校	235	2.80	0.671	B校比C校	-.344	0.017*

*注：*p<0.05

因子1，采用单因素方差分析，结果表明各组被试的得分存在显著差异，F（2，402）=3148，p=0.034。采用Scheffe进行事后多重检验，结果表明各组被试不存在显著差异p=（0.059）。另外，因子2：F（2，402）=0.247，p=0.781；因子3：F（2，402）=0.863，p=0.423。结果表明各组被试的得分不存在显著差异。

在因子4上，采用单因素方差分析，各组被试的得分存在显著差异，F（2，402）=3.953，p=0.020。采用Scheffe进行事后多重检验，结果表明B校的被试在因子4上的得分显著高于A校的被试（p=0.027）和C校的被试（p=0.031）。其余各组间差异不显著。

在因子5上，采用单因素方差分析，各组被试的得分差异最显著，

F（2,，402） =4.117，p=0.017。采用Scheffe进行事后多重检验，结果表明C校的被试得分显著高于B校（p=0.017）。A校和B校各组之间差异不显著。

四、讨论

（一）马来西亚高校汉语学习者语言态度类型

通过采用调查问卷法，对所收集的数据进行了因子分析。结果共得出5种态度类型，分别是：目的语群体态度、语言认同态度、学习情境态度、学业成绩态度和社会地位态度。这5种态度中，其中目的语群体态度、语言认同态度、学习情境态度与Gardner & Lambert（1972：132）、Ellis Rod（2003：199）所定义中的态度在某种意义上有相似之处。与其他研究者如倪传斌（2004）的3种态度类型、刘明男（2009）的5种态度类型以及聂志（2012）的6种态度亦有一些异同之处。毕竟国情背景、学习环境、调查对象及分析角度不同，所获得的语言态度因子分析也不尽相同。在本研究中，平均值最高的态度类型是语言认同态度（3.40）和目的语群体态度（3.19）。这两个语言学习态度对马来西亚多元语言、多元民族的社会背景而言，具有重要意义。这显示了绝大多数学习者（主要是马来族），开始认同汉语的重要性，也认同当地华人社会与华文媒体是一个重要且良好的“目的语环境”。这种学习态度有助于促进第二语言的学习，同时也将促进族裔，尤其是马来族与当地华裔之间语言文化的相互理解与友好交流。在5种态度类型中，平均值最低的是学业成绩态度（2.45）。这表明学习者当中不乏学业成绩态度，认为汉语或汉语考试比其他外语容易。他们往往只注重考试成绩，累计学分。虽然一部分学习者有此倾向，但是并非就能毫不费力地获得学分。因此，这种态度在所有类型中所得认同度最低，也说明汉语的学习和掌握是有一定难度的。

（二）影响汉语学习者语言态度的背景因素讨论

1. 性别与年龄

结果显示，性别与年龄因素对于5种态度并无显著的影响。其中性别没有差异显著与刘明男（2009）的调查结果基本相似。统计分析，年龄在5种态度上，并不存在任何差异。在刘明男（2009）的调查中小于20岁年龄组的态度总体逊于大于20岁的两个年龄组。而在倪传斌（2004）的调查则刚好相反，显示较小年龄（17—22岁）的态度好于大年龄。本研究未能发现男女性别和年龄对影响汉语学习态度上的显著差异，主要原因是本研究样本量在性别与年龄的比例差距而结果有所不同。这只能局限于调查对象的不同，不能推广到广泛的所有汉语学习者。

2. 族群

各族群在汉语学习态度上唯一显著的差异在于学业成绩态度。印度族得分高于马来族。相对于马来族，印度族认为汉语比其他外语容易学，汉语测试也较容易考。资料显示，这些印度族绝大多数来自同一所高校。笔者推测，原因是高校的学分体制，规定学习者必须修读外语，补足学分。各高校所提供的外语种类多达十几种，有的属选修课，有的则是必修课。而一些高校也采取各种举措，旨在鼓励其他族群能学好及考好汉语。但是欲了解此观点的差异，尚需进一步研究并探讨。

3. 学习汉语时间（汉语水平）

本研究用学习汉语时间少于1个学期（低水平）、2个学期（中等水平）和多于2个学期（高水平）粗略代表学习者的汉语水平。最显著差异在于对目的语群体态度和社会地位态度两个因子上。在目的语群体态度方面，汉语水平较高的学习者，态度明显好于汉语水平较低的学习者。主要原因是学习汉语时间长了，对汉语有较深入的了解，使学习者对目的语群体的评价更为积极些。而中级汉语水平者在社会地位态度上比高水平学习者表现更显著。笔者认为，原因有二：一是能顺利进入第2学期的学习者已具备一定的汉语基础，建立了学习汉语的信心。二是随着学习时间的延伸，课程难度加大，学习者压力更大。在社会地位态度上，比起学习时间短的学习者反而不那么突显。

4. 所在高校

从学习者所在高校方面来看，学业成绩态度与社会地位态度上存在显著差异。学业成绩态度方面，B校学生态度比A校和C校学生明显更积极。这种差别出自于各高校汉语课程设置、教学内容，对学习者的要求而有所差异。从数据资料发现，B校学习者多为印度族。如综合了上述族群对语言态度的影响，可以进一步解释不同的族群在不同高校表现出不同的汉语学习态度。社会地位态度方面，C 校学生的得分明显高于 B 校学生。究其原因，C 校学生人数最多，班级比较复杂，各项设施完备，汉语学习氛围浓厚，在教学质量方面得到社会的肯定。在如此优越条件下，相对于 B 校只有 39 名学生而言，C 校学生在社会地位态度上显然较高。因此可见，各高校汉语课程设置和教学质量亦会影响学习者的语言态度。

五、结　论

通过数据统计分析结果，提出如下几点建议：

1. 促进跨文化交际教学，加强学生跨文化交际能力。调查表明，学习汉语时间越长，学习者对目的语群体态度越佳。学习者对语言认同态度与目的语群体态度的平均值也最高。因此，在高校汉语教学中要结合各族文化元素，培养学习者具有跨文化交际能力的跨文化素养，帮助学习者理解并欣赏不同民族的文化差异，从而有助于各族之间的文化交流。

2. 优化汉语课程结构，建立完整的测试评估体系。为了增强学习者的信心和持续学习汉语的兴趣，高校应该优化汉语课程体系，合理配置不同级别的教学内容，科学地确立课程的逻辑体系。在教学内容上应遵循先基础后提高的循序渐进的规律。在汉语测试方面，各高校应该讲究良好的科学性和系统性，避免在不同级别测试中出现内容难易度的差距。

3. 加强硬件设施建设，为学生营造良好的学习环境。各高校应该重视扩展优质硬体资源，如语言视听教室并设有多媒体教学软件、无线网络设备，为学习者提高多元化教学与良好学习环境。让学习者到多媒体教学实验室去上课，以激发他们学习汉语的兴趣，培养他们汉语学习的积极态度，树立学习信心。

综上，本研究在族群和性别的样本数的比例存有一定的局限性。这对于研究结论会有所影响。建议后续的研究可以采用数量相等的样本量，以学习者的汉语考试成绩与语言态度之间的相互关系做进一步研究。

参考文献：

[1] 倪传斌、王志刚、王际平、姜孟（2004）外国留学生的汉语语言态度调查，《语言教学与研究》第4期，第56-65页。

[2] 聂志（2012）泰国北部华裔学生汉语学习态度调查研究，《临沧师范高等专科学校学报》第1期，第93-98页。

[3] 刘明男（2009）外国留学生汉语学习态度调查，《云南师范大学学报》（对外汉语教学与研究版）云南第5期，第43-48页。

[4] 秦晓晴（2010）《外语教学研究中的定量数据分析》武汉：华中科技大学出版社，第50-119页、第134-160页。

[5] 秦晓晴（2009）《外语教学问卷调查法》，北京：外语教学与研究出版社，第9-13页。

[6] 王建勤主编（2010）《第二语言习得研究》，北京：商务印书馆，第297页。

[7] Brown, H. D. (1987). Principles of Language Learning and Teaching. Englewood Cliffs, JC: Prentice Hall, 126.

[8] Clement, R., Smythe, P. C., & Gardner, R. C. (1978). Persistence in second language study: Motivational considerations. Canadian Modern Language Review, 34: 688-694.

[9] Ellis, R (1985). Understanding Second Language Acquisition. Oxford: Oxford University Press, 117.

[10] Ellis, R (2003). The Study of Second Language Acquisition. Oxford: Oxford University Press, 199, 210.

[11] Gardner. R. C. and Lambert, W. E.. (1972). Attitudes and Motivation in Second Language Learning. Newbury House, 132.

[12] Gardner, R. C. (1985). Social psychology and second language learning: The role of attitudes and motivation, London: Edward Arnold Publishers, 177-184.

[13] Gardner, R. C. (1988). Attitudes and motivation. Annual Review of Applied Linguistics, 9, 135-148.

[14] Gardner, R. C. & Tremblay, P. F. (1995). On motivation: Measurement and conceptual considerations. 《Modern Language Journal》, 78, 524-527.

[15] Julie Pallant (2007) SPSS Survival Manual, 3rd edition, Australia: Allen & Unwin, 185.

[16] Stern, H. H. (1983). Fundamental Concepts of Language Teaching. Oxford: Oxford University Press, 376 -377.

作者简介

叶婷婷，马来西亚拉曼大学高级讲师，语言学及应用语言学博士，研究方向为汉语教学。

试论缅甸汉语教学法现状及发展对策

[缅甸] 赵紫荆

中央民族大学国际教育学院

内容提要：随着中缅两国经济贸易合作的加强，汉语学习越来越热。缅甸的汉语教学经过数十年的演变也日益步入正轨。但由于缅甸汉语教学法很少受到国外的影响，再加上缅甸学生个性普遍很内向，汉语教学中三教问题仍有待解决。本文调查了缅甸比较有代表性的中文学校，介绍缅甸现有的比较突出的汉语教学法，以期对缅甸的汉语教学有所帮助。

关 键 词：缅甸；汉语教学法；现状；对策

一、缅甸汉语教学概况

缅甸汉语教学（华文教育[①]）有史以来一直没有受到过政府的支持。缅甸的第一外语为英语。至于汉语，缅甸政府只承认缅北和缅南的两所外语大学的汉语系。尽管如此，缅甸民间的汉语教学自19世纪末开始以来，在华人华侨社区一直没有停止过。即使在1965年华校被收归国有后，也仍以佛经学校、孔教学校、家庭补习班等形式顽强地生存着。[②] 随着中缅两国的合作关系日益紧密，缅甸的汉语人才需求量也越来越大，加之缅甸政府有关政策的松动，民间的汉语教学呈现出了日益活跃的趋势。1988年政变后，缅甸民间的汉语教学出现了转机，华文学校虽仍未取得合法地位，但各种汉语补习学校却迅速发展起来，越来越多的缅甸人渴望学习汉语。缅甸的汉语热越来越强，汉语教学已经形

① 缅甸当地称呼为“华文教育”。

② 熊琦、张小克（2006）缅甸汉语教学概况，《世界汉语教学》第3期。

成了官办和民办两种形式并存的汉语教学格局。

缅甸汉语教学有华文教学（汉语作为第一语言教学）和汉语教学（汉语作为第二语言教学）两种形式。所谓华文教学指的是学习者90%是华人华侨。其母语为汉语普通话或中国云南、福建等地的汉语方言。他们一般从幼儿或小学时期就开始到华文学校学习汉语，其中有些人甚至完全没有受过缅甸政府的教育，有些人虽受过缅甸教育，但是缅文只有小学毕业的程度，也有极少一部分人兼受缅甸和华文教育。他们从小在华人华侨社区的华语环境中长大。在华文学校，不只汉语语文课，别的课程的教材也是一律使用汉语编写的教材，授课的语言也是汉语。因此，这种教学被当地人称为华文教学，即汉语作为第一语言的教学。而汉语教学指的是学习者把汉语作为第二语言来学习，学习者多数为缅甸中部和南部没有汉语言环境的华人和缅甸人，也有大学生和缅甸教育各类[①]大学毕业的成年人，还包括缅甸白领及两所外语大学汉语系的学生。

教材：目前缅甸汉语教学，缺乏优秀的本土汉语教材。缅甸汉语教材多为中国大陆、台湾地区所编的教材，这些教材多为汉语作为第一语言教学的教材。包括中国大陆的中小学汉语教材、台湾地区出版的繁体“国文”及其他历史、地理、数学、物理等教材。第二语言教学大多以“汉语系列教材”为主，也有少数使用《新实用汉语》。

学生：缅甸学生比起欧美学生性格较内向。对教师很尊重，也很听话，这也许是因为他们信仰宗教的关系，缅甸人大多为佛教徒，佛法中有佛、道、僧、父母及师傅是同等尊敬，因此大多数缅甸人包括在缅甸生长的华人华侨都对教师很敬畏。在课程教学中学生一般很安静很沉默，学生一般都不爱提问题，不敢表达自己的想法，总是静静地听老师讲课。

教师：在缅甸，教师的工资虽然不高，但社会地位比较高。因此缅甸的汉语教师如同缅文学校的教师一样受到社会的尊敬。大多数家长都希望把自己儿女交给教师多多指导，甚至以挨打挨训为荣。第一语言教学中的小学汉语教师多为当地华校毕业的初中、高中毕业生，他们的汉

① 缅甸教育制度下的各类大学，如，外语大学、文科理科大学、医科大学、工程大学等。

语听说读写能力普遍较高，但是，由于他们大多没有接受过系统的专业的教学法的训练，多沿用教师传授的方法。第二语言教学中的汉语教师大多为缅甸教育中的大学毕业生，有的是汉语专业，也有非汉语专业，汉语基础确实比较薄弱，只有少数能达到 HSK 中级以上的水平。少数人有幸参加过中国国家汉办和中国侨办的缅甸国内外汉语短期师资培训，有一定的汉语教学法知识。据学者统计，中小学华文教师人数近年来增长较快，但因开设的班级增多，学生人数增加较快，汉语教师数量依然严重不足。①

教程：缅甸北部具有一个比较良好的学习汉语言环境，该区的华文教学是以第一语言教学为主的全日制课程。大多数华人放弃缅文教学而选择华文教学。少数华人和非华人兼上缅文学校和华文学校。虽然华文教学的学历不被政府所认可，但是华校都办得很规范，校规很严厉。中小学有语文、数学等课程，高中会增加历史、地理、物理等课程，都用汉语授课。校规虽严厉但也会照顾想上缅文学校的学生。缅文学校上午 9 点开课，为了方便上缅文学校的学生，华文学校上课时间定为早晨 7 点，并且第一、第二堂课皆为语文课，缅文学校的学生语文课结束后不用上其他课程。缅甸中部和南部的第二语言教学课程像补习式安排，错开政府缅文学校的上课时间或业余时间，每天只有几个课时。学生可以自选空闲时间到学校学习。学生可以学汉语课和语文教程的时间每天一个半小时或两个小时。

二、缅甸汉语教学法现状

根据缅甸汉语教学概况，本文把缅甸汉语教学法分成两类：即华文教学中的教学法（汉语为第一语言教学中的教学法）及汉语教学中的教学法（汉语为第二语言教学中的教学法）。缅甸汉语教师因大多数没有学习过系统的汉语教学法，大多数教学法是教师根据自己学生情况摸索出来的，因此有不少缺陷。汉语教学在缅甸不是政府认同的学历，大多数学生学习原因为兴趣，学习目的为实际运用。因此教师设计使用的

① 吴应辉、杨叶华（2008）缅甸汉语教学调查报告，《民族教育研究》第 3 期。

教学法大多以兴趣为主，以实际运用为目的。

（一）华文教学中的教学法（汉语为第一语言中的教学法）

汉语作为第一语言的学习者具有良好的汉语语言技能，即听和说。他们能够听懂并使用基本的日常用语、课堂用语及交际用语。听和说的能力主要是受其家庭环境的影响，家人的汉语对他们产生着潜移默化的影响，读写能力则主要在是学校里培养的。① 母语教学中的教师大多为本地高级华校毕业的本土教师和少数从中国大陆或台湾请进来的汉语教师。较为突出的缅甸汉语作为母语教学方法有以下几种：

传统解释法：缅甸中小学汉语本土教师因没有学习过系统的汉语教学方法而一概沿用自己教师所用的教学法，即传统解释法。优秀的本土教师使用幽默或有趣的故事来吸引学生记住课文知识。传统解释法使用的课堂一般都以安静听课为主。学生很少提问题。总是安安静静地听课、做笔记。

“填鸭式”教学法：“填鸭式”教育是从苏联开启的，现在在中国应用也很广泛。缅甸华文教师早已广泛实用，原因有二：一是学生一般都服从教师命令，不爱提问。二是自己不太理解课文中的知识。华文学校所用的教材是以中国大陆及台湾繁体字编写的教材。而本土教师大多没有到过或没有真正体会过中国大陆及台湾的情况。该知识一般从文中学来的，或听教师的话、看书、看影视学来的。因此他们只用填鸭式教学法把知识一味灌输给学生。让学生死读死背课文内容。

文化引导教学法：目前在缅甸汉语作为母语教学中所用的教材以台湾繁体字编写教材为主，也有少数使用大陆出版的简体字汉语系列教材。由于教材数量不够，大多数教材都是复印过几次的课本。学生对中华文化只能从复印本中的文字及图画体会。因此教师根据自己比学生多读过的书、多看过的影视、多体会过的华人华侨社区的文化知识，找出图片或自己画的图画引导学生。让他们以兴趣为主，理解为目标，从而完成教学任务。

课外交际法：汉语作为第一语言教学中的学生虽有良好的汉语语言

① 李瑞文（2012）缅甸教育制度背景下中小学汉语课程大纲编制研究，中央民族大学博士学位论文。

技能，但是由于自己父母的汉语水平及环境的影响，他们的汉语口语水平也参差不齐。因此，母语教学中的华文学校规定学生一律用汉语交际。教师不但在课堂中使用汉语，在课外活动中也要让学生使用汉语普通话，一般不允许用云南话、傣族语等汉语方言和少数民族语言进行交际。其方法在缅甸不是教师逼迫学生要用汉语的，而是教师启发学生用汉语交际是一种骄傲的事，加上母语教学中的学生一概用汉语交际，因此口语效果好。

（二）汉语教学中的教学法（二语教学法）

汉语作为第二语言教学的教学对象包括当地民族和已经缅化的华侨华裔。学习者对汉语语言知识、技能都是从零起点开始学习的，汉语语言环境极缺乏，从小学就学习缅语和唯一的外语——英语。学习时间为缅甸学校、缅甸大学上课时间和业余时间，每天 2 小时左右。并且同一个班级的学生有的是从缅文学校退学来的，有的是从母语教学转过来的，年龄、民族、汉语水平都有所不同。因此，语言基础面临着相当大的挑战。目前在缅甸第二语言教学中，汉语教师有三种，一是母语教学高中毕业的教师；二是高中毕业的本地缅甸人或已缅化的华人教师；三是受过中国培训或留过学的本土教师。不管是哪一种，二语教学的教师要了解学生的情况，了解学生的汉语水平高下情况。

比较突出的二语教学法为以下几种：

对比解释法：缅甸二语教学发达地区都为中部和南部，即以前的首都仰光和第二大城市曼德勒。该地区的汉语教师多数是缅文大学毕业的，也有些是硕士毕业的，但是汉语专业毕业的不到百分之十。他们的汉语水平是民办汉语学校的中高级，HSK 中等 5 级水平。使用的教材多为中国大陆的汉语系列教材，近年来也有一些优秀教师到中国留学或受过教学培训回来后推荐使用《新实用汉语》、《当代汉语》等教材。教学方法多样，知识丰富。因此他们大多使用对比解释法。虽然没有本土教材，但是教师把中国大陆教材中的知识和自己的缅文知识融合起来，再加上对比，能够让学生理解，从而达到教学效果。该方法理解力强，实际运用率高，增强了学生的汉语学习兴趣。

语法翻译法：缅甸汉语为第二语言教学中，成人学生对语法系统解释比较感兴趣，加上《当代汉语》及《新实用汉语》教材以语法教学为主，因此有些教师采用语法翻译法。他们先是对语法规则进行仔细分析，然后将所学的语法知识应用到翻译练习当中，要求学生将句子和课文用母语和目标语言进行互译。语言学习被看作是由背诵语法规则和语言事实构成的，目的就在于能够理解和熟练掌握外语的词汇和句型。

趣味教学法：第二语言教学中的学生比母语教学学生缺少汉语言环境。因此有些以第二语言为主的学校自己创造汉语环境使学生对学习产生兴趣。如：曼德勒福庆孔子课堂，采用比赛方式让学生对汉语教学产生兴趣。按学期、按水平让学生看电影、看中文报纸、杂志（缅甸出版的《金凤凰》、中国的《读者》等），边看边回答问题。这些都以比赛形式进行。低龄低水平学生的教师在网上找出有趣的故事或新闻打印发给学生，让他们在课堂中了解、回答问题，以期使学生对汉语产生兴趣，体会到汉语的魅力，从而达到教学目标。该方法与美国的任务教学法有点相似。差别在于缅甸使用的是大班教学方式，时间过长，以兴趣为主，效果不同。

体验文化教学法：第二语言教学中的汉语教师大多曾到过中国，因此他们常常会结合自己对中国文化的体验感受来授课，便于学生体会中华文化。每逢中国的节日，学生常常有机会参加中国侨办的夏令营活动和汉办的汉语桥等活动。如：中秋节猜谜语比赛、春节团体唱拜年歌、许愿拜年、举办春节晚会等，让学生亲自体会中国独特的文化。学生在课文中学到知识的同时，也在课外亲自感受中华文化，对学习更感兴趣，以学为乐，效果明显。

大班游戏教学法：第二语言教学中的有些汉语教师接受过中国国家汉办、侨办安排的师资培训，为了激发缅甸学生学习兴趣他们有时运用游戏教学法。但是，因教学时间有限，加上缅甸学生个性内向的多，因此大多只能在每周一次的集体活动时间安排大班游戏教学。缅甸的大班游戏教学法并不是在一个班级的课堂中进行的，而是在相差不大的班级聚集的周会、大会上进行的。这是一种给学生创造汉语言环境，让学生以学习过的课内外知识进行练习运用的机会。之所以叫做大班游戏教学法是因为该教学法照顾缅甸学生个性内向，不需上台表演，如同在朋友大伙之间互相玩耍，并不是同一个汉语水平的，也不一定每个学生都要参加，不参加大班游戏教学的学生也可以通过看别人游戏而学到知识。

一般幼儿和中小学的练习词汇、语句时运用大班游戏教学法的比较多。如，幼儿教师先讲一个故事或唱一首歌给学生听，然后，让学生按照故事找出人物、食物和东西，并让几个学生表演故事内容，让其他学生复述故事大概情节。中小学的大班游戏教学大多是词语接龙、看表情讲成语等。

三、问题及发展对策

（一）缅甸汉语教学法存在的问题

缅甸汉语教学法因师资不足、教材不当及教学情况影响而存在很多问题。虽然对当地学生比较适合，教师尽量想办法让学生提高教学效果，但是真正能达到目的的极少。其一，教师大多数未接受过专业教育知识培训，因此运用教学法效果不是最好；缅甸的汉语教师大多是当地华校初中、高中毕业留校生，虽然有些是缅甸大学毕业生，但汉语专业毕业生很少，专业教育知识缺乏，甚至很少参加中国和缅甸本地的师资培训。虽然按照自己经验运用教学方法，但是效果不理想。其二，汉语教学没有受到政府的支持，民间教育只靠华人华侨的力量，因此在汉语教师待遇低、缅甸办学条件有限的情况下，只能进行大班教学，大班教学带来很多教学方法运用的不便，不可能全面照顾。其三，大多数学校的教学设备、图书资料匮乏，教师及学生的课外知识有限。其四，缅甸到现在还没有优秀的本土汉语教材，正在使用的教材都是在中国大陆和台湾使用的母语教材和针对欧洲学生的《新实用汉语》教材，给教学带来很多不便。

（二）缅甸汉语教学法发展对策

1. 顶层主力：为了加强缅甸汉语教学法效果顶层主力——缅甸政府的支持是最大的力量。缅甸政府应自上而下对中小学汉语教学加以推动和资助。中缅两国教育部门应联合利用“请进来”和“送出去”的方式，加强缅甸汉语师资力量。

2. 缅甸汉语教学法研究：国内外急需针对缅甸汉语学生的个性的教学法研究。缅甸汉语教育者和研究者应对原有的缅甸汉语教学法运用和实践加强研究，推出相关研究成果。

3. 增加师资培训人次：为全面提高汉语教学效果，培训师资是非常必要的。缅甸教师需要多借鉴其他国家的汉语教学法，从而探索出适合本土学生的教学方法。

4. 加强交流为了提高教学效果，每位汉语教师都有自己的方法。缅甸汉语教师最了解自己学生的情况，因此学校应督促教师总结自己的教学经验和使用的汉语教学法，互相讨论。在缅甸政府的推动下，缅北、缅南中小学和缅甸的两所外语大学联合举办学术讨论会交流经验，以使汉语教学达到最佳效果。

参考文献：

[1] 李瑞文（2012）缅甸教育制度背景下中小学汉语课程大纲编制研究．中央民族大学博士学位论文。

[2] 吴应辉、杨叶华（2008）缅甸汉语教学调查报告，《民族教育研究》第3期。

[3] 熊琦、张小克（2006）缅甸汉语教学概况，《世界汉语教学》第3期。

作者简介：

赵紫荆（KHIN KHIN TUN），缅甸人，中央民族大学语言学及应用语言学二年级博士生，方向为汉语国际传播。1996年毕业于缅甸曼德勒文科理科大学化学系。2004年在云南大学获得汉语言汉专函授学士学位。2010年在广西师范大学获得语言学及应用语言学语法教学方向硕士学位。从2002年至今在缅甸曼德勒福庆孔子课堂担任汉语教师。

“案例”在任务型汉语口语教学中的应用

董 宁

青岛农业大学外国语学院

内容提要：案例教学和任务教学在教学理念上存在诸多相似之处。文章通过分析“案例”在任务型汉语口语教学各阶段所起的作用，认为“案例”是任务的来源和依托，能保证任务的顺利执行和任务完成的效果，从而更好地实现对外汉语口语教学目标。

关 键 词：案例教学；任务教学；任务；案例；口语教学目标

对外汉语口语教学的目的是培养和提高外国学生的跨文化口头交际能力，具体包括语言使用的准确性、流利性、得体性和多样性四个指标。（赵雷，2008）这不仅成为对外汉语教学界广大研究者和一线教师的共识，也是一直以来大家共同追求的目标和努力的方向。纵观近几年口语教学的研究成果，强调“以意义协商为核心，在完成一系列真实的、有意义的任务中学习和使用语言”的任务教学法成为广受关注的理论和研究的热点。吴中伟的系列论文（2005a，2005b，2005c，2008）对任务的性质、特点，任务式教学与传统教学的区别，教学中形式和意义的平衡以及输入、输出等问题做了系统的介绍，其观点很具启发性。吴勇毅（2005）从任务型教学反思了口语教材的编写。赵雷（2008a，2008b）则对建立任务型教学系统以及如何通过任务型教学实现口语教学的目标做了一系列有意义、有理据的研究。许希阳（2009）在前人研究的基础上，以在教学中可能出现的问题为导向，以任务的具体实施为例，探讨了在任务型教学的相关理论与口语课堂教学之间建立起直接联系的可能性和可行性。

以上研究从理论和实践两方面阐述了“任务”在汉语口语教学中的作用，具体可概括为：任务执行前的提示启发作用；任务执行中的激励主导作用；任务完成后的聚焦巩固作用。但（1）任务到底是什么？（2）任务设计的依托和理据何在？（3）如何保证任务在以上三个阶段的作用得以最大限度的发挥？这一系列根本性问题在现有研究中没有给出必要的解释。我们认为，“案例教学法”中的“案例”与以上问题直接相关，并能为其提供有意义的阐释。

一、案例教学法与任务型教学的相关性

案例教学法起源于美国，最早由哈佛大学法学院前院长兰戴尔提出，是英美法系国家法学教育最主要的教学方法。后来被广泛应用于其他学科，如医学、经济学、管理学、社会学等，是一种深受学生欢迎的教学方法。基于各种理论和相关实践，人们对案例教学法的界定也各有侧重。综合而论，可以将其界定为“教师以具有鲜明代表性的案例为学生创设问题情境，在引导学生对案例进行讨论分析的过程中，更好地理解和运用相关理论知识，创造性地将理论与实践相结合。”与传统的教学方法相比，案例教学法具有以下特点：（1）以学习者为中心，以互动讨论为基础，以培养学生的分析问题和解决问题的能力为目的；（2）强调集体合作，而非个人单干；（3）学以致用，缩短学与用之间的距离；（4）利于激发学生的问题意识、创新意识、团队合作意识及自主学习意识。目前在语言学领域，案例教学法多应用于学生跨文化交际能力的培养。

20 世纪 80 年代后期，西方第二语言教学界兴起了任务型教学，90 年代后期该理论在中国得以介绍。它被认为是交际法的进一步发展，是理论与实践相结合培养学习者语言综合运用能力的有效方法和途径。任务型教学的主要理念是：使学生在完成一系列真实、有意义的任务中学习和使用语言，合理分配注意力；提倡在以意义为中心的前提下，同时关注语言形式，主张把形式焦点即在以意义为中心的前提下关注的语言形式有机地组织到交际任务和交际活动中去。（吴中伟，2005）

案例教学和任务型教学的相通之处在于：（1）强调有意义的互动，反对机械式操练和生搬硬套；（2）强调学习者的中心地位，反对教师主导课堂，不是“要我学”而是“我要学”；（3）强调“在用中学，

在做中学”，注重学习的时效性；（4）采取小组合作式的课堂组织模式。

案例教学法中的“案例”，具有典型性、真实性、趣味性、价值性等特性；任务教学法中的“任务”也要求满足适切性、相关性、趣味性、开放性等要求。我们认为将“案例”引入任务型汉语口语教学，更有利于任务的顺利执行及汉语口语教学目标的实现。

二、“案例”在任务型口语教学中的作用

按照 Willis（1996）的任务型学习模式，任务型口语教学一般可分为三个阶段，即任务前、任务环和语言聚焦。

（一）任务前阶段

在任务前阶段，教师要导入主题，给出任务，激活与主题相关的词汇、短语及相关知识，帮助学生理解任务指令，为执行任务做好准备。具体包括以下两个环节：

（1）激发学生的表达欲望，设计好真实、有趣、难易适度的任务。

（2）输入与当前任务相关的语言形式、相似的任务样本，促使学生注意语言形式。（赵雷，2008）

需要指出的是，传统案例教学法中的案例多以文本形式出现，因案例教学法起初应用于法学，“案例”实际上就是一宗宗法律纠纷、法律案件的文本档案。我们在汉语口语教学中的“案例”却不拘泥于文本。连环画、音频、视频材料都是很好的案例素材，只是在任务型口语教学的聚焦阶段，我们要将这些材料转化成文本，以达到相应的口语教学目标。

我们以“中西方婚礼习俗的不同”为主题，探讨“案例”在这一阶段的作用。

1. 分别输入关于中西方婚礼现场的无声视频。选择“无声”的主要目的是避免学生将注意力过分地分配给听到的新的语言形式，将其注意力锁定在画面所传递的意义上。这样做有利于激活学生已有的语言知识，使其发现已有知识与完整表达画面意义所需要的语言知识之间的差距，进而带着解决问题的需要去猜测视频声音所传递的新词汇、新语言

形式及文化知识等，将传统教学法的被动“预习”变为主动尝试。

中西方婚礼习俗的不同，除了婚礼举办场所、新人尤其是新娘的装扮、婚宴的举办形式等差异外，还蕴含着中西方颜色词的文化内涵、婚礼收送礼物的不同等文化因素。通过无声视频展现给学生一些真实的流动画面，无疑会激发其表达欲望，同时培养其对文化差异的敏感性、宽容性和处理文化差异的灵活性。

2. 将同样的视频以有声形式输入两遍，声音包括婚礼现场的有声交际及对视频场景的解说，促使学生注意语言形式。Schmidt（1990）提出的“注意假说”认为，只有引起学习者的注意才能引起语言的变化。任务是语言意义和形式的联姻，因为意义的确定性、情境的特定性就需要与之相对应的语言形式，而学习者对这些语言形式的注意很可能会达到中介语发展的临界点。任务型口语教学中，任务前没有严格意义的语言形式讲解，因此学习者对语言形式的关注是建立在既定意义的基础上的，属于自发行为。这就对任务前的输入，包括有声材料及文本等有较为谨慎的要求。从二语习得的角度来说，要满足“i+1”的要求，即Krashen提出的“可理解性输入”。教师特别要注意对“i”的收集，即学生完成交际任务所需要的与其已有知识相关的邻近语言知识，这些知识应是学生可理解的，而词汇、句型等有选择的余地。（刘勇，2009）

（二）任务环阶段

1. 案例是任务的依托

赵雷（2008）在论述任务型口语教学与对外汉语口语教材编写时指出，“任务型对外汉语口语教材要根据学生的实际，为其提供具有特定的交际对象、交际情景、交际目的等具有信息差、推理差、观点差等各种类型的交际任务；同时要为学生完成交际任务提供各种物质和精神的准备，通过视觉和动态的音、像、图、文全方位输入，成为学生交际的依托。”

针对“中西方婚礼习俗的不同”这一主题，教师可在任务环阶段，将学生分成三人或四人小组，以视频案例为依托安排如下交际任务：通过“信息轮流交换（required information exchange task）”，要求学生分别转述两段视频的主要内容，即从视频材料里看到了什么。信息轮流交换，亦即小组成员共同协作、各抒己见，对视频内容进行不断的充实和补充。尽管小组成员间存在着思维、表达等各方面差异，视频案例中意义的确定性确保了交流中的“意义协商”。第二语言习得的研究成果表明，掌握语言必须有大量的可理解输入和输出，而决定输入输出质量以及输入输出过程中学习者认知能力提高的关键因素是意义协商。（赵雷，2008）意义协商中交际各方为了实现共同的目标平等互动，话语的产出是自然流露，不再受提问的驱使。

2. 使用案例更有利于各项口语教学目标的实现

Skehan（1998）提出了语言运用的三个维度，即语言的准确性、流利性和复杂性。赵雷在此基础上指出，对外汉语口语教学的目的是培养和提高外国学生的跨文化口头交际能力。具体包括准确性、流利性、得体性和多样性四个指标。（赵雷，2008）

语言的准确性，一般是指输出的语言形式是否符合规范。Willis（2002）对准确性的解读颇为独特，他认为准确性应该描述为语言交际时人们想表达的内容和已表达的内容之间的关系。Willis 站在说话者的立场，强调意义传达的确切性。我们理解为意义和语言形式之间是相互选择的关系，而不是前者顺从于后者。在完成转述中西方婚礼视频的任务中，各小组成员一般都会对他人的发言表现出宽容和灵活的态度，只要对方基本表达了意思，交流就可以继续，如有不理解之处，也会与之反复进行意义协商。视频案例确保了交际性口语活动始终以意义为中心，任务前没有严格的语言形式讲解，学习者对语言形式的关注建立在既定意义的基础之上。完成任务时学习者与他人的交流会出现一些停顿，努力思考该用何种语言形式表达头脑中的意义，一般通过主动查字典、询问同学、请求老师帮助或回顾任务前阶段的有声输入等途径实现 Willis 所指的语言准确性。

张文忠（1999）认为，第二语言口语流利性应该从流畅连续性、连贯性和言语可接受性三个方面考察。他把流利性定义为使用一种可被接受的第二语言变体，流畅连贯地表达思想的能力。根据周卫京（2005）和周丹丹（2006）等人的实验和定量研究，听觉输入对口语流利度的提高影响最大；输入、输出频率对口语质量有影响，频率高能使流利性和准确性有不同程度的提高。任务前阶段，我们输入两遍视频内容和解说，任务中学生们之间的相互讨论，都是听觉形式的输入，都有利于提高学生口语表达的流利性。另据周爱洁（2002）和梁雪琼（2005）等人的实验研究，让练习者数次重复同一材料的内容也可使他们在流利性和准确性上的表现超出平时所能达到的标准。我们在任务后的聚焦阶段给学生提供案例的文本材料，除以视觉形式巩固新的语言形式外，还将要求学生以关键词句为纲，复述文本内容。其阅读复述的过程无疑也会增强其汉语表达的流利性。

对外国学生来说，得体性是指说话者在运用汉语进行交际时，能按照汉文化交际规则和跨文化交际规则，根据交际对象、交际场合的不同，运用恰当的语气、语调和言语及非言语交际手段来完成交际，其表达能适应中国人的社会文化心理，言而有礼。（赵雷，2008）由于汉文化交际规则还没有明确而统一的定义，具有很强的动态性、开放性，学生无法直接学习规则本身，让学生在真实有效的语境中感受、感悟、领会就显得尤其重要。案例一直是外语教学中培养中外学生跨文化交际意识及能力的有效依托。案例中所展现的中西文化差异，或案例中所描述的引起交际冲突和误解的具体事件，能更为直观有效地激发学习者“对文化差异的敏感性、宽容性”，而小组成员间的相互讨论加之教师对具体事件的合理分析，又将更好地培养学生“处理文化差异的灵活性”，增强言语交际的得体性。

语言表达的多样性，主要指的是能够根据语境运用丰富多样的词语、句式和语气语调来表情达意的能力。无声视频的输入，除了在任务前阶段激发学生的表达欲望外，还能在任务执行过程的讨论中，成为多样性表达的依托。任何一种语言，尤其是汉语，表达同一功能意义往往可以采取多种表达形式，由于在任务前阶段我们没有详细讲解语言形式，学生在选择语言形式表达同一既定意义时是自由的、开放的。小组成员间思维差异、语言水平的参差不齐，都为语言表达的多样性创造了条件。教师在任务执行过程中的巡视指导，可以为这些多样性表达的准确度和得体性进行把关。而无声视频的输入，也可能会促使学生联想到与主题相关的其它表达，创造性地发展组内成员的中介语系统。

（三）任务后的语言聚焦阶段

此阶段主要包括对任务完成的评估评价和任务后的语言提升两项活

动。这是帮助学生巩固反思任务完成过程中的语言使用、平衡注意力的最后时段。案例在这一阶段的作用表现在：

1. 案例为任务的评估提供标准

任务完成后，教师可通过组织学生自评、组内互评、教师评讲等方式进行评估，肯定成绩，激励进步；找出问题，分析原因。而案例为评估的有效执行提供了标准。这时的案例需要以文本形式以听和看的形式分别再次输入，在此过程中学生会自发地关注语言形式，尤其是新的词汇表达和语言结构，意识到自己的语言与目标语或者更高阶段的中介语的差别。而教师以文本案例为纲，对语言形式进行必要的讲解和操练，有利于学生将这些陈述性知识程序化，程序性知识自动化。从而内化新的语言知识和形式，达到语言习得的最终目的。

2. 复述案例，进一步内化新的语言结构

学生对语言形式的注意或许不足以改变实际的语言行为，即不能“学以致用”。因此，教师需要趁热打铁，催促学生在意识到语言差距后做一些弥补性的尝试。复述是一种提高语言流利度、准确性、多样性的有效办法。教师可以要求学生在反复阅读文本案例的基础上，用自己的语言复述案例内容，及围绕“中西方婚礼习俗的不同”这一主题，各自发表自己完整的看法。完成后以作业的形式上交，可以是书面作业，也可以是录音。

三、结　语

案例有别于传统汉语口语教材的课文，不局限于文字形式，也不仅仅是会话、独白形式的“语言范本”。案例必须满足真实性、典型性、趣味性和价值性四个要求。只有满足以上要求的案例才能在任务型汉语口语教学中发挥作用。

用于汉语口语教学的案例必须来源于真实的语言交际。根据中高级阶段交际目的的不同，教师可以从电视剧、语言类娱乐节目、演讲稿等典型的语言应用场景中获取素材。

典型场景中的典型案例，大都会自动满足语言适切性的要求。即略高于学生的现有知识水平，又包含新的语言形式和相关表达，满足

Krashen 的“可理解性输入”要求及“i+1”要求。但在具体的使用过程中，教师可以根据实际情况对案例进行剪裁取舍，也可以根据教学目的和教学对象的不同合理变化其中的语言形式。这都不会影响任务型口语教学的直接效果。

参考文献：

[1] 梁雪琼（2005）一种提高英语口语表达水平的教学模式，《教学在线》第 3 期。

[2] 刘勇（2011）口语教学中的二语习得理论的应用，《现代语文》（语言研究版）第 12 期。

[3] 吴永毅（2005）从任务型语言教学反思对外汉语口语教材的编写，《国际汉语教学动态与研究》第 3 期。

[4] 吴中伟（2005）从 3P 模式到“任务教学法”——任务教学法研究之三，《国际汉语教学动态与研究》第 3 期。

[5] 吴中伟（2005）“任务”的性质和特点——任务教学法研究之一，见李泉《对外汉语课程、大纲与教学模式研究》，北京：商务印书馆。

[6] 吴中伟（2005）语言教学中形式与意义的平衡——任务教学法研究之二，《对外汉语研究》第 1 期。

[7] 吴中伟（2008）输入、输出与任务教学法——任务教学法研究之四，《华东师范大学学报》（哲学社会科学版）第 1 期。

[8] 许希阳（2009）以问题为导向的任务型教学研究——以对外汉语口语教学为例，《暨南大学华文学院学报》（华文教学与研究）第 3 期。

[9] 张文忠（1999）第二语言口语流利性发展的理论模式，《现代外语》第 2 期。

[10] 赵雷（2008）建立任务型对外汉语口语教学系统的思考，《语言教学与研究》第 3 期。

[11] 赵雷（2008）对外汉语口语教学目标的实现，《汉语学习》第 6 期。

[12] 周爱洁（2002）论 4/3/2 活动对提高英语口语流利性和准确性的影响，《外语教学》第 5 期。

[13] 周丹丹（2006）输入输出的频率效应研究，《现代外语》第 2 期。

[14] 周卫京（2005）语言输入模式对口语产出的影响，《解放军外国语学院学报》第 6 期。

[15] Schmidt. R. (1990) The Role of Consciousness in Second Language Learning. Applied linguistics 11, 129 – 158.

[16] Skehan. P. (1998). A Cognitive Approach to Language Learning. Oxford: Oxford University Press.

[17] Willis. D. (2002) Accuracy, fluency and conformity. In Willis. J & Willis. D. (ed.), Challenge and Change in Language Teaching, 45 – 46. 上海：上海外语教育出版社。

[18] Willis. J. (1996) A Framework for Task – based Learning. London: Longman.

作者简介：

董宁，女，山东莱阳人，硕士，讲师。主要研究方向为跨文化交际，第二语言习得，英汉对比。

汉语国际教育专业三十年发展综述及启示

孙俊芳

河南中医学院

内容提要：随着中国国力日渐强盛，汉语在世界的影响与日俱增，汉语国际教育作为一个新兴的专业也得到了蓬勃发展，但是在其外表繁荣的背后，也潜藏着诸多危机：如许多院校盲目开设，发展过快过滥；专业培养目标和课程设置缺乏论证，随意性很大；课程模块太多太杂，学生缺乏专业归属感；毕业生就业渠道不畅通等。本文即对汉语国际教育三十年来的发展进行梳理和综述，旨在从中得到对目前该专业发展方向和课程改革的启示。

关 键 词：汉语国际教育；专业发展；综述；启示

一、汉语国际教育本科专业发展历程

汉语国际教育本科专业从初创到日渐繁荣，至如今在全国各高校遍地开花，刚刚走过了近三十年的历程。

1985 年北京语言大学、华东师范大学、北京外国语大学、上海外国语大学 4 所高校首次设置对外汉语本科专业，即汉语国际教育专业的前身。

2004 年 11 月 21 日，全球第一所孔子学院在韩国首尔揭牌。截至 2012 年 7 月底，已经有 387 所孔子学院、509 所中小学孔子课堂，覆盖 108 个国家和地区；还有 62 个国家的 160 多所大学排队申请开办孔子学院。仅 2011 年，就开设各种层次汉语课程 2.4 万班次、注册学员达 50 万人，逾 700 万人参加上万场次文化交流活动。（杜阳，2012）孔子学院的开设，对于全国各高校的汉语国际教育专业的发展，起到了极大的推动作用。

2005年7月，首届世界汉语大会（The World Chinese Conference）在北京召开，承办单位是国家教育部，主题为“世界多元文化架构下的汉语发展”。汉语及中国文化的国际推广已经引起了国家高度的重视和支持。

2010年12月10日“全国高校对外汉语专业建设研讨会”在北京举行。至此，对外汉语已经成为国家重视、社会关注的热门专业。截止到2010年，全国共开设对外汉语专业的高校285所，每年招收人数达到1.5万人。在研讨会上，北京语言大学校长崔希亮回顾了北京语言大学对外汉语专业20多年来的专业发展历程。他说自1985年北京语言大学设立对外汉语专业以来，学校率先在全国完成了本、硕、博学科一体化、多层次的对外汉语师资人才培养体系；建立了较为科学完备的学科理论体系、课程体系和配套的教材体系；建设了一支一流的师资队伍。但在当前汉语国际教育的新形势和学习者的多元化需求下，对外汉语专业在课程设置、教学实践、就业“出口”等方面还存在着制约的瓶颈。（曹华，2010）

2011年教育部印发的《专业学位授予和人才培养目录》中，首次出现了“汉语国际教育”专业学位，编号为：0453，但是没有列入学科目录中。（教育部，2011）

2012年教育部印发的《专业学位授予和人才培养目录》中，“汉语国际教育”正式获得了二级学科的身份，编号为：050103，学科门类为文学，所属一级学科为：0501中国语言文学类。（教育部，2012）

概括而言，1985年是该专业的初创阶段，至90年代已渐成规模，21世纪得到了急剧增长。时至今日，汉语国际教育专业的开设可以说是千方百计、千军万马。

汉语国际教育专业在各个高校开设的院校也不尽相同。有国际教育学院、文学院（人文学院）、文传学院、汉学院甚至外语学院。

近三十年来，汉语国际教育专业发展过快过滥的问题已逐渐凸显，开设该专业的院校已经由原来的语言类、师范类大学发展至综合性院校、专业院校、独立学院、理工学院，等等。许多院校单纯为了生源或者为了学校升级的需要而开设，缺乏必备的师资和教学条件，盲目上马，留下了很多隐患。

二、汉语国际教育专业毕业生就业状况调查

2009 年 5 月 22 日《新华日报》发表了一篇题为“高校开设对外汉语 热门专业还是虚火夹生饭”的文章。文章指出，从对南京大学 05 级、苏州大学 04—05 级、徐州师范大学 04—05 级的 5 个班 236 名同学的调查得知，仅有苏州大学 5 人在苏州、无锡的培训机构搞对外汉语教学。（陈道龙，郑全庆，2009）

而作为最早开设对外汉语专业的高校之一，北京语言大学该专业本科毕业生的基本流向主要有五个方面：从事对外汉语教学工作的仅占 10% 左右；40% 继续攻读与专业相关的硕士、博士学位；在政府部门、新闻媒体等从事对外交流工作或在企业、公司、银行等从事翻译、文秘的占 40%；另有 10% 选择出国。（耿淑梅，2009）

根据笔者对成都中医药大学的调研走访得知，该专业在西南财经大学国际教育学院建立了实习基地，和那里的国际生建立一对一的辅导实习小组，以提高学生的教学实践能力。其就业走向主要有以下几个方面：中小学语文教师、医学专业非医类硕士、对外汉语硕士、管理、传媒专业的硕士、公务员、培训机构、到国外从事汉语教学（如在非洲公立学校教汉语）等。

大理学院则利用自己桥头堡的地理优势，与东南亚国家（老挝、柬埔寨、泰国）联合，建立国外教学实践基地。在实习中与用人单位达成工作意向。2011 年，81 名境外实习的学生中已经有 24 名在境外就业，境外就业率为 30%。（张如梅，2011）

福建师范大学为菲律宾、印度尼西亚、马来西亚等东南亚国家举办华文教师培训班，多次派遣汉语教学志愿者到欧美、东南亚和周边国家任教，对外派遣、输出汉语教育与海外大学联合创办华文教育系、向东南亚国家开展现代远程网络汉语课程等。2006 年，该校与菲律宾雅典耀大学合作共建菲律宾孔子学院，与菲律宾《华文报》、《商报》合作创办了首份完全用简化汉字和拼音的报纸《汉语学习报》，为学生创造了广阔的就业途径。（黄剑涛，2011）

总体上讲，近几年对外汉语本科毕业生就业分布如下：录取研究生

22.5%，出国 13.53%，三资企业 11.28%，民营及私营企业 9.77%，国有企业 6.77%，中小学及其他教学单位 6.02%，机关 4.51%，高等学校 4.51%，其他事业单位 10.53%。（王妹妹等，2007）

北京某知名大学国际教育学院的副院长说，汉语国际教育专业的毕业生走出国门的有 80%都在从事本专业的工作，而留在国内的 80%无法从事本专业的工作。该校将和美国的一所大学合作创建孔子学院，国家汉办将提供一部分启动基金。

一方面，根据媒体的宣传和笔者在国外从事对外汉语教学的经验得知，国外中小学、孔子学院、华人群体中汉语教师缺口很大，尤其是东南亚国家。“以泰国为例，泰国每年需要约 5000 名汉语教师，1000 名汉语文秘以及 1000 名汉语旅游管理者。”（张如梅，2011）而另一方面，国内对外汉语专业毕业生就业无门。究其原因，一是缺乏对接渠道。二是每年该专业的毕业生很多，但是真正符合用人单位需求的人才很少。三是高校用人方面对学历要求的高门槛，将汉语国际教育专业毕业的本科生拒之门外，而中小学和语言培训机构对该专业人才需求很少。四是该专业的发展过快过滥，供求关系失衡。

三、汉语国际教育专业培养目标与课程设置状况分析

（一）专业培养目标的设置

由于汉语国际教育专业发展的速度过快，对于该专业的研究论证没有跟上，所以在该专业的培养目标和课程设置方面，显得非常草率，相当一部分学校的课程设置是：汉语 + 英语 + 教学理论 = 汉语国际教育。

在培养目标上，许多院校为了吸引生源，采用了很多看似华丽其实不切实际，而且无法实现的培养目标。

例 1　某学院中文系汉语专业培养目标：本专业旨在培养具有扎实的语言文化基础、语言教学理论，具有良好的中国文化底蕴、熟练的外语交际能力，对中外文化及中外文化交往、外事政策与涉外礼仪有较全面的了解，熟悉教育规律和教学技巧，基础宽厚、视野广阔的复合型、应用型高级人才。毕业生能在国内外各类对外汉语教学办学机构、留学生教育机构、中外合作办学机构、中外教育合作交流汉语教师援外项目

从事对外汉语教学工作，在新闻出版、文化宣传、党政机关、三资企业、外事、外贸、旅游等部门和各类涉外企事业单位从事中外文化交流的相关工作，以及攻读国际汉语硕士、出国留学等。

解读：该培养目标将攻读国际汉语硕士、出国留学也作为培养目标之一，而且外贸旅游等部门也包含在就业方向之内。

例2　某中医药大学对外汉语专业培养目标：本专业培养适应社会主义现代化建设需要，具有良好的道德品质、强烈的责任感和敬业精神，身心健康，系统掌握语言学和对外汉语教学基本理论，有扎实汉语基础和较高英语水平，对中国语言文学、中国文化、西方文化和中外文化交往有较全面了解，具备较强的社会适应性和自我发展能力，良好的文史素养和英汉双语教学能力，能在国内外各级各类教育机构、新闻出版、文化管理和企事业单位胜任对外汉语教学、管理以及中外文化交流等工作的复合型应用人才。

解读：该专业培养目标提出，“英汉双语教学能力”而非“对外汉语教学能力”。其次，作为一个中医药院校，如果能结合本校的专业优势，在培养学生具备中医药文化交流的能力方面有所侧重，则更能体现该校汉语国际教育专业的优势。

例3　本专业培养具备系统扎实的汉语语言文学知识和良好全面的英语语言素养、具有创新精神和实践能力的、能依托汉语言文学知识、运用英语从事对外汉语教学、新闻出版、商务沟通和文化传播等涉外工作的应用型高级专门人才。

解读：该校的培养目标中包括商务沟通。但是其课程设置并没有体现出这一点。而且特意提出“运用英语从事对外汉语教学”。但是在对外汉语教学中现在提倡的是尽量减少学生对母语的依赖，尽可能使用汉语进行教学。而且学生将来的教学对象有可能是非英语国家的学生。

比较：《普通高等学校本科专业介绍》（2012）对该专业的培养目标和培养要求的界定。

培养目标：本专业培养掌握扎实的汉语基础知识，具有较高的人文素养，具备中国文学、中国文化、跨文化交际等方面的专业知识与能力，能在国内外各类学校从事汉语教学，在各职能部门、外贸机构、新闻出版单位及企事业单位，从事与语言文化传播交流相关工作的中国语言文学学科应用型专门人才。

培养要求：本专业学生主要学习汉语言及中华历史文化方面的基础知识，接受人文社会科学的基本训练，掌握综合运用所学知识开展语言文字工作、汉语国际教育以及国际文化交流实践的基本能力（教育部，2012）。

比较可见，有的高校把文秘、翻译、外贸、旅游、英汉双语教学等也包含在专业培养目标中，是不符合《普通高等学校本科专业介绍》（2012）对该专业的界定。列出的就业渠道过宽过泛，反而使学生丧失了专业归属感。培养目标总体特点是华丽而空洞，宽泛而不切实际。

（二）课程设置及学分

大部分院校开设的主要课程有：现代汉语、古代汉语、中国文学、外国文学、汉语写作、语言学概论、对外汉语教学概论、对外汉语教学法、跨文化交际、中国文化通论、西方文化概论、涉外礼仪、英语（含口语与听力）、二语习得、汉字学等。

修业年限一般为标准学制四年，弹性学制三年至六年。最低修读学分170学分到220学分不等。授予学位为文学学士学位。

概括来看，目前的课程设置基本形成了三大课程模块：汉语基础课+外语技能课+汉语国际教育专业课（包括才艺课），有的增加了专业特色课。

有的学校采用课程版块的形式，将课程分为：人文素养与素质拓展课程群、学习能力与创新意识课程群、基础理论与基本技能课程群和专业知识与专业能力课程群。

有的学校为了适应不同国家的就业需求。开设了针对不同国家汉语教学的对外汉语专业，如西班牙语、日语、法语以及东南亚方向的小语种。

例1　某中医药大学汉语国际教育专业的课程开设：

主干学科：中国语言文学、外国语言文学。

核心课程：综合英语、古代汉语、现代汉语、中国文化、教育学、语言学概论。

主干课程：英语听力、英语口语、英语翻译、英语写作、中国古代文学、中国现当代文学、外国文学、中外文化交流史、西方文化与礼仪、对外汉语教学法、对外汉语教学概论、外事政策与法规。

该校的毕业学分为180学分，其中必修课141学分，占总学分的78.3%。选修课39学分，占总学分的21.7%。（其中限选占30学分，占总学分的16.7%，公共选修9学分，占总学分的5%）整体课程结构比较合理。

实践教学环节大部分为：毕业实习15分+毕业论文5分+社会实践2分+课程实践19分（342学时/18）+素质拓展4分=45分，占总学分的25%。

汉语国际教育专业课程设置总体呈现出“一广二杂”的局面。学生课时过多，缺乏自主学习空间。课程模块太杂，致使学生缺乏专业认同感，感觉自己不伦不类，找不到自己的专业归属。

四、启示及改革对策

汉语国际教育专业的第一个关键词是“汉语”。所以汉语及其相关的课程必须是主干课程。有的学校英语课程开设太多，几乎等同于英语语言文学专业的课程，是不切实际而且不符合该专业的属性。

第二个关键词是“国际”，由于本专业培养的学生将来的工作对象是外国人，目的是向世界传播汉语及其文化，所以必须具备一定的跨文化交际能力、综合运用外语进行交流的能力等，外语水平应该高于一般非语言专业的大学生，在课程设置上应该基于大学英语课程，但是在要求和课时量上适当拔高。

第三个关键词是“文化”，虽然在专业名称上没有这个词，但是语言的传播离不开文化的渗透，所以各专业院校可以充分发挥自己的资源优势，将文化教学渗透到汉语国际教育专业的教学中，既体现了自己的专业特点，也使得汉语国际教育的文化传播有了恰当的载体。

第四个关键词是“教育”，既然该专业培养的人才是从事教育实践工作的，学生就必须有一定的教育学、心理学、教育理论、二语习得、教学法之类的知识和装备。

基于此，汉语国际教育的课程开设应该遵循以下原则：汉语基础原则、外语辅助原则、文化素质拓展原则、提升教育能力原则和实践教学原则。

在学分修订上，还应该注意以下几点：

1. 加大选修课比例，适当减少必修课所占比重，为学生提供开放式就业和深造的渠道。

2. 英语课所占学时应该高于公共英语，但低于英语专业。介于两者之间，即体现出学生的英语优势，又不能弱化汉语学习。

3. 尽量保留各专业院校的专业文化课程，比如中医药院校汉语国际教育专业可以适当增设中医药英语方面的选修课，充分利用优势资源，也使汉语国际教育专业呈现百花齐放的景象。

4. 增设日语、西班牙语、韩语等小语种为外语的汉语国际教育专业，为学生学习小语种创造条件，拓宽就业渠道。

5. 由于该本科专业培养的人才是实践型的而非研究型的，某些理论的学习不必太深太专。控制总学分，将一些理论课适当整合，给学生更多的时间，为学生的自主学习创造条件。原则上不超过 180 学分。

6. 适当突出师范特点，将教育心理学、应用语言学等课程纳入必修课。鼓励学生报考教师资格证。

7. 就业方面，可以通过与国家汉办、孔子学院、汉语桥项目等机构、组织建立合作关系，建设境内外实习基地，为学生的海外就业打通道路。

参考文献

[1] 曹华（2010）近 300 所高校开设对外汉语专业 每年招学生 1.5 万人，人民网 12 月 10 日。

[2] 陈道龙、郑全庆（2009）高校开设对外汉语 热门专业还是虚火夹生饭?《新华日报》5 月 22 日。

[3] 杜阳（2012）孔子学院：中国文化拥抱世界，新华网 8 月 10 日。

[4] 耿淑梅（2009）基于就业的对外汉语专业建设：以北京语言大学为例，《大学研究与评价》第 4 期。

[5] 黄剑涛（2011）地方本科院校对外汉语专业人才培养模式浅论——以福建省地方本科院校为例，《龙岩学院学报》第 8 期。

[6] 教育部（2011）《学位授予和人才培养学科目录》，北京：高等教育

出版社。
[7] 教育部（2012）《普通高等学校本科专业介绍》，北京：高等教育出版社。
[8] 王妹妹、洪思思、何聪（2007）浅谈对外汉语专业的就业形势，《理论观察》第4期。
[9] 张如梅（2011）桥头堡战略下面向东南亚就业的对外汉语专业课程设置，《大理学院学报》第9期。

作者简介：

孙俊芳，女，硕士，副教授。工作单位：河南中医学院外语学院。现任汉语国际教育专业学科主任。研究方向为翻译理论与实践、汉语国际教育及跨文化交流。

浅析国际汉语教师跨文化交际能力的培养

胡项杰

华东师范大学对外汉语学院

内容提要：国际汉语教学环境和对象的特殊性，不仅要求汉语教师要有扎实的汉语基础知识和基本的教学技能，同时还要具有良好的跨文化交际能力。提高跨文化交际能力需要教师自身储备足够的跨文化交际知识，培养多元文化意识，在教学中加强与周围人的沟通，同时还要培养良好的心理素质。只有具备了良好的跨文化交际能力，才能更好地促进汉语教学。

关 键 词：汉语教师；汉语教学；跨文化交际能力；教师培养

汉语国际推广事业的不断发展，对汉语教师提出了一些新的要求。2012 年 12 月 12 日国家汉办在对原有的《国际汉语教师》标准上进行修订的基础上，颁发了《国际汉语教师标准》（2012 版），这一新的标准“对原有的框架进行了凝练，突出了汉语教学、中华文化传播和跨文化交际三项基本技能。”① 其实汉语教学中“三教”问题一直是汉语教学界研究的热点，特别是对教师素质的培养一直是汉语教学界关注的热点。因为“有一支能胜任教学工作、科研工作和管理工作的高素质的教师队伍，是汉语教学事业发展的最根本的条件。”（刘珣，2000：409）崔希亮（2010）也曾说过“教师是‘三教’问题的核心，因为教材是由教师编写出来的，教学法也是由教师来实践的，所以教师的素质对汉语教学的作用不言而喻。”而“当人们从一个熟悉的环境迁移到一个陌生的环境，在文化方面感到不适应以致经历文化休克几乎是普遍的现象”（胡文仲，1999：187 - 188）。而由于国际汉语教学的环境是世

---

① 引自：http：//www. hanban. org/article/2012 - 12/12/content_ 476160. htm。

界不同的国家，教学对象是不同国家的学生，其文化背景、历史风俗都有很大的不同，因此汉语老师到国外任教是在跟不同文化背景的人进行交际，是一种跨文化的行为，这就首先要求汉语老师要具有良好的跨文化交际能力，只有具有了良好的跨文化交际能力，才能谈得上更好地进行跨文化汉语教学，因为教学的过程也是一个交际的过程。李晓琪在其一篇文章中提出的一名合格的汉语教师要具有12项基本要求，其中第5条就明确提出："熟悉跨文化交际的基本原则和具体方法"（李晓琪，2007），在这里，本文把国际汉语教师跨文化交际能力分为四个层次，一是为了满足基本生存需要的交际能力；二是课堂活动的开展、组织能力；三是融入社区，自如地进行社会交往能力；四是参加学术活动，进行科学研究能力。对于新手汉语教师来说，到国外进行汉语教学主要会涉及前三种能力。

对于跨文化交际能力，不少学者都有过很多的讨论和研究，比如袁新（2003）分析了关于汉语教师跨文化交际能力培养的不足以及跨文化交际与对外汉语教学的关系，并指出跨文化交际能力是对外汉语教师基本素质的核心，培养跨文化交际能力需要开设相关的文化课程，有针对性的对老师进行跨文化交际的培训。李昊（2012）也指出跨文化交际能力是汉语国际传播者自身素质要求的核心，并分析了我们对外汉语本科专业和汉语国际教育硕士专业在培养跨文化交际能力方面存在的问题。此外刘晓玲（2012），指出外派的汉语教师首先要解决生存问题，然后才是教学的推广问题。她在文章中介绍了跨文化交际能力的构成，并指出跨文化能力的培养可以从认知能力、建立跨文化能力课程体系等方面进行培养。周毅、包镭（2011）也论述了培养国际汉语教师跨文化交际能力的途径，即"大力开掘隐性课程"和"选派学生去海外孔子学院和孔子课堂实习。"

以上这些研究加深了我们对相关问题的理解，但是他们大多数是从宏观理论意义上论述汉语教师具备跨文化交际能力的必要性，一些学者也提出了培养这一能力的具体方法，比如加强跨文化交际技能的培训，增设相关的跨文化交际课程等。但是正如张和生先生所说"对如何培养、认定教师的教学能力未作深入的研究，对如何通过量化分析、跟踪调查的方式评估教师培训的成效研究也应当加强"（张和生，2006），从另一方面来讲这些研究似乎还是在教学的外围谈交际能力的培养，重点放在学校、相关机构该如何培养教师的跨文化交际能力，没有从汉语教师自身角度讨论该如何做。因为汉语老师才是教学的主体，他们面临的生活环境和教学环境是复杂多变的，因此有必要结合具体、实际的教学环境研究汉语教师自身该如何培养跨文化交际能力。

所以本文对在海外从事汉语教学的一些老师所写的教学案例进行搜集整理，总结归纳新手汉语教师在海外遇到的关于跨文化交际方面几个常见的问题，并针对这些问题给出一些建议，以期促进汉语教师跨文化交际能力的提高。

一、做好文化知识储备，提高文化差异的敏感性

文化知识的储备包括储备本国文化知识和他国文化知识，通过对中外文化的对比“能够认识到人的思维、举止以及语言是受制于特定的文化图式的，能反省把自己所持有的文化视为理所当然的那种态度，同时愿意了解各种文化相互区别的范围，培养出接受异域文化视角的能力”（袁新，2003）。所以对于国际汉语教师来说首先要做好知识储备工作，在对比中发现差异，培养文化差异敏感性，并有意识地将这些文化知识上升为能力。只有这样才能很好地预测在海外工作和学习中会遇到哪些文化上或者交际上的问题，以便提前做好准备，做到临“危”不惧。那么当误解或者冲突发生时就能够自然地站在对方的角度去观察思考问题，并及时地让对方知道自己的出发点，使双方在差异中找到平衡点。

案例（1）①

2009年，小陈来到俄罗斯一所大学的孔子学院做汉语老师，她刚去孔子学院报到的那天早上，俄方院长和秘书都非常热情，一进门，副院长就给她一个大大的拥抱。接着秘书送了

① 文中的案例，均由华东师范大学国家汉语教师研修基地语料库提供，在此对其和案例作者表示感谢！

一束黄是黄、白是白的菊花。那时陈老师的心"咯噔"了一下，她心想这是送给活人的吗？接受还是不接受呢？但是出于礼貌，她还是高兴地接过了这束表示友好的鲜花。但是她并没有把这些花带到自己的办公室，过了几天秘书追问她为什么不把这些花带走，是不喜欢吗？此时小陈才勉强把花拿走，但是心里总感到很别扭。直到那些花全部凋谢了，她才把花都扔掉。

在本案例中，俄罗斯在一些风俗礼节上和中国有很大差异，但是刚到俄罗斯的陈老师没有对相关的知识进行储备，对这些差异不太了解，导致她不能很好地接受他们的鲜花。所以充足的文化储备非常必要，这种储备不仅可以通过学习相关的课程获得，而且也可以通过咨询对俄罗斯比较了解的老师或者同学，并根据这些储备做好预测，这样也就有利于提高文化差异的敏感性。

二、加强交流与沟通，努力消除自我中心意识

"教师的工作需要与学生、校方、家长乃至社会各个方面进行交流，因此教师要培养自己的沟通能力，尤其是与学生的沟通能力。在《全美中小学中文教师资格标准大纲》中，其中有一条标准就是'沟通技巧'，要求教师能够熟知并有效运用言语、肢体言语和书面语沟通技巧，支持与强化课堂上和学校里各种互动"（吴勇毅，2012：296）。李泉（2012）在其提出的"三基"之"基本素养"中也指出老师"要具有良好的外语能力，包括能用外语辅助教学，能用外语进行交流和沟通。"由此可见，沟通在汉语教学中的作用非常之大。事实上，在汉语教学中很多的交际障碍和误解都是因缺少及时的沟通引起的。而缺少沟通的根本原因，是受到自我中心意识的支配。比如：

案例（2）

晏老师在韩国一所大学教授汉语，其学生是在校的学生和部分教职员工，有一天在课间，当晏老师问其中的一个老教授

> “你的妻子是做什么工作”的时候，他们马上提出说叫“妻子”不好，应该叫“사모님”（汉语“师母”之意）。此时晏老师显得有些尴尬，但是当他想到他已经40多岁了，应该用尊敬的称呼，于是以后谈及老师们的爱人时，晏老师都会直接用韩国语“사모님”来称呼，而他们也会变得很高兴，交流自然也很亲切。后来晏老师通过了解身边的韩国老师才知道，在韩国，人们的长幼尊卑观念很强。中国人的长幼尊卑观念也很强，但是并不像韩国那么明显。

从上面这个案例可以看出，晏老师存在的问题很明显，就是在自我中心意识的影响下，缺少与对方及时的沟通，在与他人沟通时，还在用对中国人的观念进行交流，没有充分地了解对方的文化和等级观念，结果产生许多尴尬。后来晏老师主动向身边的韩国老师打听才知道，韩国人非常重视等级观念，它无处不在。那么在以后的交往中晏老师注意到了这一点，他与当地人的交往也变得更加顺利。所以在人际交往中，沟通是消除误解进行有效交流方式，在遇到问题时应该多站在对方的角度去思考问题产生的原因，因为交际不是单向的，它是一个双向互动的过程，而汉语教学又是一个交际的过程，所以沟通应该贯穿汉语教学的始终。

三、培养多元文化意识，努力消除“刻板印象”

“作为一种特定的认知图式，刻板印象是有关某一群体成员的及其原因的比较固定的观念或想法”（佐斌，张阳阳，赵菊，王娟，2004：398－400）。一般的刻板印象是由于过度的推理或过度概括造成的，在一定程度上它可以提高人们认识事物、发现规律的速度和效率，但是这种认知图式如果运用的不当，也可能带来错误的认识，以致得出错误的结论。现在的世界和社会是多元的，特别是在汉语国际教育中，这种多元性就更加明显。不仅不同国家和民族具有不同的特征，就是在某一地区内部，不同的人也表现出巨大的差异。同时，世界处在不断的发展变化之中，我们的认识也不能只停留在某一段阶段。

在汉语教学中，一些汉语老师特别是新手老师由于缺乏经验，对某些现象的认识和判断经常受到固有观念影响而出错，也就是“刻板印象”造成对事物的认知的偏差。比如在整理的教学案例中，有些老师认为能来中国学习的学生都是来自发达国家，从而把一些黄皮肤的留学生看成是日本人。还有些新手老师认为法国人都很浪漫，美国人家庭都比较富裕，这些固有的印象造成在教学中经常对学生一概而论，从而给交际和教学带来很多障碍。所以汉语老师要建立多元文化意识，时刻提醒自己要用发展的眼光观察和认识人和事，切不可以偏概全。

四、培养良好的心理素质，增强自我调控能力

在汉语教学中，随时都有可能遇到文化差异而带来的交际上的障碍或冲突，有些教学事件具有突发性，这就要求汉语老师要具备具良好的心理素质以应对在跨文化交际过程中遇到的困难。在 2007 年颁布的《国际汉语教师标准》中的第五个模块“综合素质”的培养中有一条标准指出“教师应具有良好的心理素质，能应对教学过程中的突发事件”（郭睿，2010：100）。吴勇毅（2012：288－291）也指出“汉语教师能承受各种压力，经得起困难和挫折，能在各种环境甚至艰苦的环境下进行教学。”这里所说的也是要求汉语老师要有良好的心理素质。

“心理素质”内涵非常丰富，不同的学者对其有不同的理解，但是他们都赞同良好的心理素质是增强跨文化交际能力的必要条件。郭睿（2010：105）将汉语教师心理素质归纳为五个维度：“认知品质、个性品质、适应能力、职业意识和教育表现力。”由于国际汉语教学的教学对象、教学环境、教学目标等特殊性，无形中对教师的“适应能力”提出了更高的要求。“适应能力”不仅包括对环境的适应，还包括能对环境的改变自觉进行身心协调的能力，人际关系的调整与维系能力。董力燕（2012）曾对汉语国际推广中英语教师跨文化交际能力进行调查，经分析认为目前国际汉语教师跨文化交际中存在的问题主要是“自我调控能力相对较弱和环境适应能力相对不足”。这个结果也和本次案例抽样调查的结果基本吻合。应该认识到，在跨文化交际中，有些事情在短时间内完全做到相互理解是不可能的事，“教师在跨文化交际中扮演

的是信息发送者的角色，我们的心理预期是尽量减少信息发送的盲目性，提升理解的准确性，以增进师生间的相互理解”（蔡绿，2006）。所以，在汉语教学中不能急于求成，要在生活和教学中通过慢慢地了解，争取达到求同存异。

国际汉语教学首先表现为跨文化交际行为，跨文化交际贯穿汉语教学和汉语教师生活的全部过程。所以良好的跨文化交际能力是成功地进行汉语教学的必备条件，也关系到汉语教师的生存状态。汉语教师在教学和生活中要加强自觉意识，积极做好文化知识储备，努力消除自我中心意识和刻板印象，建立多元文化观念，同时还要增强自身的心理素质，以全面提高跨文化交际能力。

参考文献：

[1] 蔡绿（2006）文化依附矛盾与跨文化交际能力—也谈对外汉语教师素质，《黑龙江高教研究》第4期。

[2] 崔希亮（2010）汉语国际教育“三教”问题的核心与基础，《世界汉语教学》第1期。

[3] 董力燕（2012）汉语国际推广中英语教师跨文化交际能力调查研究，《河北农业大学学报》第3期。

[4] 郭睿（2010）《汉语教师发展》，北京：北京语言大学出版社。

[5] 胡文仲（1999）《跨文化交际概论》，北京：外语教学与研究出版社。

[6] 李昊（2012）汉语国际传播视角下的跨文化交际能力及其培养，《现代传播》第7期。

[7] 李泉（2012）国际汉语教师培养规格问题探讨，《华文教学与研究》第1期。

[8] 李晓琪（2007）汉语国际推广中教师队伍建设，《云南师范大学学报》第5期。

[9] 刘晓玲（2012）对外汉语人才应具备跨文化能力，《光明日报》第11版。

[10] 刘珣（2000）《对外汉语教学引论》，北京：北京语言大学出版社。

[11] 吴勇毅（2012）《对外汉语教学法》，北京：商务印书馆。

[12] 袁新（2003）跨文化交际与对外汉语教学《云南师范大学学报》第

2 期。
[13] 佐斌、张阳阳、赵菊、王娟（2006）刻板印象内容模型，《理论假设及研究》第 1 期。
[14] 张和生（2006）对外汉语教师素质与培训研究的回顾与展望，《北京师范大学学报》第 3 期。
[15] 周毅、包镭（2011）汉语国际传播时代对外汉语人才的跨文化交际能力培养，《浙江传媒学院学报》第 6 期。

作者简介：

胡项杰，男，华东师范大学对外汉语学院 2012 级研究生，语言学及应用语言学专业，研究方向为对外汉语教学和语音教学。

赴英汉语教师志愿者跨文化课堂教学适应问题研究

——以英国曼彻斯特中小学课堂教学为例

李雁同

北京师范大学

内容提要：海外孔子学院、孔子课堂的汉语教学是汉语文化国际传播的重要途径之一，也是让世界了解中国、提升中国文化软实力的重要平台。如何让英国中小学生乐于学习汉语并乐于体验接受中国文化，是汉语文化国际传播的重要课题之一。本文是在解释主义研究范式—质的研究方法的基础上，采用个案追踪研究法，通过观察、访问、收集教学日记资料等分析总结课堂教学适应的成功经验，试图寻找汉语国际传播的内在联系和规律性，为后续海外汉语教师志愿者提供有益的参考和帮助。

关 键 词：汉语教师志愿者；汉语国际传播；中小学课堂；成功经验总结

一、背 景

近年来，随着中国国际地位的不断提高，世界各地都掀起了汉语文化学习热潮。为了适应世界汉语教学蓬勃发展的形势，中国国家汉办于2004年启动了汉语教师志愿者项目，向世界有需求的国家提供汉语教师志愿者。我们有幸成为北京师范大学2010级10名汉语国际教育专业研究生志愿者，于2011年9月赴英国曼彻斯特地区中小学进行汉语教学和中华文化的传播工作，在工作学校的推荐下，我们5位同学第二年继续留任。本人作为一名在读硕士研究生，根据自己在英国两学年实习经历，采用解释主义研究范式中的“质的研究”的“个案研究方法”，个案是基于“我”个人的研究，“我”具有双重身份，既是个案的研究对象，同时又是研究者。

英国曼彻斯特中小学项目的大部分志愿者所在学校原来没有汉语教学，学生汉语是零基础，汉语课程并非学校计划课程，志愿者开展的是带有开拓性质的教学。不同的国家和地区有着不同的文化，英国的中小学教育也有其独特的教育理念和教育文化。我们这批汉语国际教育专业在读研究生志愿者，从小到大接受的是中国式教师的教育，和中国文化的熏陶，在每个志愿者身上潜移默化了中国教师的职业文化。当我们进入英国教育体系时，自然产生了诸如教师职业文化冲突、心理困惑、教学难题等跨文化工作的适应问题。主要集中在语言和课堂教学两大方面，我们初到英国曼城中小学，课堂教学存在的问题归纳如下：

A. 学生注意力不集中，或者说是根本无法让他们集中注意力。

B. 学生兴趣不浓厚，总是在大约上课10分钟后就失去了兴趣，无论导入的话题、动画视频或者活动是多么有趣。

C. 学生不守纪律，随时发问，总提出要去厕所，或者趴着，有的甚至钻到了桌子下面，总是有着各种各样的借口离开课堂。

D. 学生不尊重教师，我们感觉到老师没有老师的“尊严”，学生下课碰到了老师也不问候，甚至有的志愿者提到在中学出现了学生戏耍时有推搡老师的行为。

E. 语言沟通问题极大，这里的学生口音浓重，有的调皮学生会专门挑战语言不好的外国老师，说一些老师听不懂的话，从中找一些刺激，他们觉得很酷。

为了全面了解英方学校，深入把握课堂教学，尽快适应对外汉语教学。我们主动参加英国当地教师的听课活动，观察调研，记笔记，做录音。主动邀请指导教师参与我们的上课并点评，帮助我们的课堂管理，听取他们的宝贵意见和建议。通过沟通合作，观察调研，寻找差异，反思教学，总结经验，我们志愿者教师在教材选编创新、教学方法灵活运用、课堂有效管理、师生语言互动沟通四个方面有显著的收效。

二、教材选编创新

教材就是通常所说的教科书，我们赴英汉语教师使用的教课书是国家汉办配发的，例如：《快乐汉语》针对小学和初中；《跟我学汉语》针对初中和高中。理论上讲符合学科规律，也符合教育规律，也已考虑到非母语为汉语的外国中小学生的心理特点。但是这样的教材仅仅适应共性需求，遇到英国曼城地区的具体学校、具体年级、具体班级的学生，就不能完全适应了。教材中包含的可操作资源太少，适合英国当地教学活动更少，出现水土不服的现象。缺乏适合英国当地的操作性和使用性，面对这种现实，我们汉语教师志愿者在改良教材的基础上还需要有创新，总结如下：

A. 教师在使用教材时，首先从编者的角度分析教材，了解教科书编排体系和编写意图。二要从学生角度，分析兴趣点、重点和疑难点。然后针对英国曼城地区中小学生年龄和兴趣爱好，对教材进行重新整理编排，确定主次，合理取舍，使教材变成学生熟悉的，有亲身体验的，看得见、摸得着、有兴趣的学习知识载体。

例如：在讲天气和气候的话题时，可以带学生做中国风车，放风筝；讲体育活动的话题时，可以组织学生打一场乒乓球；讲兴趣爱好的话题时，可以带学生画一张简单的熊猫或者燕子的中国画等等。

B. 利用各种信息资源来支持“学”。除教科书以外，还应包括教学参考书、讲义、讲授提纲、图表、各种教学音像资料。英国公立的中小学现代教学的条件非常好，但多媒体教学资源是需要英汉双语系统的，很多光盘在英国学校的系统是不能够直接运行，需要汉化兼容，教师需要掌握相关的计算机技术。

例如：我所在的英国中小学的电脑都是无法进行汉语输入的，很多DVD光盘由于制式不同和文字乱码无法进行播放。所以提前要求网络主管部门安装中文输入法和相关软件以及提前对要播放的DVD片段进行转码。

C. 以学生为中心，在教师的引导下规划学生的学习内容，学生学什么，教师就教什么，教材就选什么。针对不同语言水平的学生，同样的教材内容也要以不同的难度水平呈现，调整重组教学内容。

例如：同样是关于食品的话题，为基础差的学生设计一个进超市买食物活动，说出最基本的食品名称即可；程度好的同学可以谈谈各国不同的食品，程度最好的同学可以谈谈健康饮食问题。

总之，教材设计创新的跨文化核心在于一定要灵活，和学生生活密切结合，多采用课堂活动，活动要具有操作性，避免集中单一的语言要素学习。

三、教学方法灵活运用

案例：今天我接手的班是 Year Nursery，Year Nursery 是护理班，班里的学生只有三四岁。开始我很发愁，这样的孩子连英语都说不好，怎么能学汉语呢？学校要求的教学目标是教会汉语数字。我从来都没有教过护理班三、四岁的学生。所以早早地来到学校，先观察班里到底有什么教具可以利用。我发现班里有很多的玩偶和保龄球，有鼓、积木和汽车等各种玩具。灵感来了，我一下有了办法。击鼓传花、打保龄球和全身反应法结合起来用可能是最好的教法。

上课一开始就让大家围坐成一圈，先自我介绍，说我是来自中国的带你们玩游戏的老师，你们想不想玩游戏啊，孩子们齐声回答："想!"我说我叫李老师，你叫什么，挨个告诉我，每个学生都告诉我他的名字，在每个名字说出后，我都问一句"你好"，并告诉他们用汉语"你好"回答。对汉语有了初步体验之后，我开始了正式的教学。组织教学，用击鼓传花的方法选出了一个孩子，让孩子跟我学一个简单的动作，然后让大家为他学得像而鼓掌。我问大家这是几个孩子啊？大家用英语回答 1 个，然后我告诉大家 1 用汉语说是 yi，用同样的方法说出了 2 和 3，之后在围坐的圈中间摆上了 5 个保龄球瓶子，套上青蛙先生的手偶，假装自己的手偶就是青蛙先生，让青蛙先生选出最乖的孩子，抱着球交给学生，学生用小球打保龄瓶，然后数数打倒的瓶子。我故意把瓶子摆得很密集，大家只用一个小球或者沙袋就可以把所有的瓶子轻易打倒，因为只有 5 个瓶子，所以很快就学到了数字 4 和数字 5。有了数字的具体实物之后，我组织孩子们喊出抽象的数字，和实物数字具体对应后，孩子们很快就学会了 10 以内的数字汉语名称。然后进行接龙比赛，使数字得到了巩固。这一节大课取得成功。

教学方法是在教学过程中，教师和学生为实现教学目标、完成任务，借助一定的教学手段，而采用的教与学相互作用的活动方式的总称。我们在英国曼城中小学教学实践中体会到教法必须根据学法而定，怎样学就怎样教。在课堂教学中学生是主体地位，教师起主导作用，学生得到的知识能力是学生学会的，而不是教师教会的，教师的作用在于助推，给学生当好攀援的“脚手架”。教师要选好教法，必须对学生有充分的了解，才能因材施教。

A. 在英国中小学教学汉语，首先要考虑学生的母语是英语，英语本身是拼音文字，学生没有汉字作为语言文字的意识，在学生眼中汉字是一幅画。由于母语的影响，学生在发音、语法、词汇方面形成了自己的特点，教师在备课讲课中，根据这些特点教学，才能收到好的效果。如果把中国小学生识字方法直接用于英国学生，那肯定是行不通的。

B. 必须进行与汉语教学相关的中国文化背景知识的介绍，如汉字的演变与形成、中国的历史发展、地理概况以及民族风情等，因为任何民族语言都是民族文化的形式和载体，对语言的学习离不开文化背景的了解。

C. 英国学生注重实践，对于只有枯燥的单纯语言要素的课，他们很容易失去兴趣，他们能够集中注意力的时间太短了。根据这些特点，在教学中，各种活动一定要交替进行，无论活动多有趣，不可重复次数太多或时间太长。

D. 了解英国学生现有的汉语基础及接受能力，评估他们的真实汉语水平。

表1 教学方法列表

全身反应法	牛奶—双手挤奶动作，茶—双手伸平左手指顶右手手掌，咖啡—手掌圈成 C 字，喜欢—大拇指，我—手掌按胸前，听—手掌圈住耳朵等等，单词和动作灵活搭配，有时可以非常夸张。
变换读单词法	准备4张指令卡，分别是大声，小声，快速，慢速，学生读单词前，变换出示不同的指令卡片，学生如果遇到大声指令，就洪亮读单词，遇到慢速卡就拖长声调读，游戏目的在于保持学生的兴趣。
游戏教学法1 减一领读法	老师带领学生读单词，老师说5次，学生就说4次，老师说6次，学生就说5次，如果学生在跟读时发生了次数的错误，就失掉1分。通常分两队对抗，胜出队伍获得奖励，也可以找发音最好的学生做领读。
游戏教学法2 你来比划我来猜 (Charades)	教师给一位同学展示单词或图片，学生根据单词不说话，比划出单词的意思，让其他同学来猜，猜对获得奖励。
游戏教学法3 幸运碰对	从3行卡片的每行选出1个数字，卡片正面为单词图形，背面为数字，数字由学生用中文说出，如果三张图片有两张是一致的，就用中文说出该卡片的名称，可以得到奖励。
游戏教学法4 钓鱼	用木棒，线绳，火柴棍做成鱼竿，在空的可乐瓶里放入写好单词或者句子的纸条，学生用鱼竿掉到瓶子，读对纸条即可受奖励，适合小班教学使用。
数字游戏1 宾果	非常受欢迎，学生随机在板卡上写出某数字范围内的4—6位数，比如30以内的4位数字，老师按照随机顺序把30个数字读完，最先找出和老师读数一致的数字的学生获胜。
数字游戏2 数字接力	分两队，每队抽取写有数字的卡片，用秒表计时，如果有12个数字，在10秒钟内按次序说完，先说完的队伍获胜。

教学有法，教无定法，选择教学方法时注意三点：

启发，启发具有引导，鼓励，启迪含义，无论采用哪种教学方法，只要满足学生的学习需要，引起学生兴趣，挖掘学生的潜能，促进学生的发展，都可以灵活采用。

对话，教师在教学过程中，以问题为线，开展问题对话，实现教师与学生民主、和谐、平等的关系，营造愉快轻松的氛围。

做中学，教师不给学生现成的答案，也不要过多的讲解示范，让学生根据自己的经验去摸索，去感受，去发现，去体验，去创新，让学生主动参与教学过程。

四、有效管理课堂

课堂管理是我们赴英曼城中小学志愿者教师最初面临的主要困难。结合我们一年来的管理实践，总结课堂教学管理的有效办法如下：

A. 课堂纪律是课堂管理中很重要的一环，应该给学生提供明确的界限，也给他们提供安全感，就像桥上的护栏，桥上的人不能去越过那个护栏，如果越过，他们就会有不好的后果。

例如：(1) 第一次口头警告；(2) 把名字写在白板上；(3) 如果再犯一次，名字后面画勾，学生会有相应的惩罚，如果没有进步，学生需要去校长办公室，也需要通知家长来学校开会。

B. 教师要和学生共同探讨研究，决定哪些行为是要影响教学，提出具体而明确的要求与规范，用简单明了的方式将课堂规定阐释出来。

例如：(1) 彼此尊重，爱护个人和公共财产；(2) 上课前做好准备，预备学习；(3) 准确、按时完成各项作业；(4) 说话前要先举手，得到老师的允许方可说话；(5) 第一时间跟随老师的指令。一般来说，制定四到五条纪律就足够了，太多了会难以记住。

C. 教师切忌武断，专横，下令定规矩，教师要带头遵守，学生要民主监督。在执行纪律的过程中，一个重要的原则就是坚持，无论什么情况下，或者是任何人破坏了这些原则都应有相应的后果，教师一定要公平地执行这些纪律，一视同仁。

例如：班上的学生捣乱，岔开话题，引人发笑导致的混乱，在两次警告无效后，一定要让学生暂时离开座位，到门口，但不能离开你的视线，平静一下再回来，课必须继续进行。教师一定要坚持公平，只有公平才能服众。

D. 教师努力提高自身教学质量，为此要精心地研读教材，搞好教学设计，明确教学目标，灵活选择易于学生理解和接受的教学方法。教师要做好课前准备，包括教具板书抄写，学习资料和作业分发，多媒体设备调试，按时上下课，有效控制教学环节，机智果断地采取措施，处理突发问题。教学中切忌东拉西扯，增加无效知识，利用各种手段引起学生的注意和兴趣，保证教学过程流畅。

例如，游戏活动和讲解交替进行，让学生动静结合，对于接近失控的游戏要马上制止，更换教学活动。

E. 赞美、鼓励和支持是中小学生在课堂管理中更重要的方面。教师要主动和学生交朋友，欣赏学生，鼓励学生，营造轻松愉快的课堂气氛，努力寻找每一个孩子的闪光点，给他们支持和肯定。

例如：建立记录制度，大范围利用各种奖励，10 个星星贴换一个熊猫贴，5 个熊猫贴换一个悟空贴，三个悟空贴就可以申请校长奖励，每个贴都要有得奖的原因，比如回答问题答得好就会得到一个星星贴。

F. 汉语教师志愿者，一定要熟悉所在学校已有的规章制度，参看校方的学生手册，用他们已有的制度管理他们的学生，这样既有根据站得住脚，又能避免因跨文化冲突引发的师生纠纷。

五、师生语言互动沟通

在跨文化背景下，对于赴英汉语教师来讲，口语表达能力和感知理解能力更为重要，因为无论现代化教学怎样进步，都离不开教师的口头语言表达，离不开对学生表达的理解。

教师语言表达条理清楚、简洁明确、具体形象、通俗生动、决不能拖泥带水，更不能信马由缰。对英国学生进行规范语言的训导和陶冶，特别要注意自身语言的规范性和示范性。语言声调要有高有低，有起有伏，节奏要平稳、分明、适度，语速要快慢适宜。只有这样才能让学生听得懂、记得住，留下清晰深刻的印象，师生语言互动沟通总结如下：

A. 根据语境场合和问题内容，英汉语言交互使用，各有侧重。

例如当学生用英语提问题时，教师要鼓励学生尽量使用汉语，当学生用汉语提问时，教师一定要耐心倾听，教师要用能让学生听懂的汉语回答问题。当教师向全体学生示范汉语时，要讲清晰明白的普通话，当教师向个别学生解释思考理解的问题时可以用标准的英语。

B. 教师讲述时，始终把学生看做是课堂中心，营造平等对话的环境，讲述时一定要观察学生，引导学生倾听与思考，引导学生进行思维的同步参与，给学生留足思考的空间。讲述时灵活调整语速语调，要伴有适当的体态、动作表情。如目光交流、表情变换、手势辅助，要符合英国当地人的文化习惯。

例如：教学太极拳，一定反复练习指令，为了教学能更好地进行，备课时需要自己边喊口令边练习。语言要精、准、慢，不要太多，不要太快，他们需要不断地建立兴趣和信心，需要反复鼓励。

C. 教师要特别注意：教师讲话时学生的“插嘴”，教师发表讲解时学生“唱反调”，学生在教师讲解中的“接话”。教师要在“插嘴”、“唱反调”、“接话”中寻找学生的闪光点。

例如：一次在介绍中国的小学生文化时，有个二年级的孩子突然打断我，说：“老师，我一直都认为在中国，多数的人都是老人。”这个孩子平时就很捣蛋，这么一问，我有点生气。我是年轻人，我讲的是中国小学生的事，你怎么说都是老人，尽管这样我还是追问了一句：“为什么你会这样想?”他说：“我对功夫很着迷，我看过 BBC 的一个中国功夫的动画片，里面的功夫大师和他的妻子和朋友们都是老人，他们同精灵们打斗，我很想学中国功夫。”我先赞扬了他的观点和想法，在下课前，在 Youtube 上找到了一段真实中国功夫的介绍，孩子们都饶有兴趣看得津津有味，同时和我学了一两招中国功夫。英国媒体和中国媒体报道的内容不完全相同，要特别注意文化差异对孩子的影响。

D. 提问作为课堂教学的一种基本方法，贯穿课堂教学始终。教师不仅要“会问”，还要问得“准”，问得“巧”，问得“恰如其分”。语言要精炼、概括，难度要适合学生年龄特点、心理特点、能力特点和兴趣爱好特点。特别注意英国当地的忌讳问题。

例如：我在教学中会利用每一个和学生沟通的机会了解他们的兴趣爱好和家庭情况，在学习新语言时鼓励学生结合自己的实际情况说出句子。注意文化冲突，比如学生生病请假时不做电话询问和关心，因为这个国家以诚信为做人之本，质疑别人的信誉是一种伤害。

E. 汉语教学初级阶段，可以大量使用学生母语，但用哪些词有效，用哪些表达方式，一定要留心，甚至需要找当地老师认真反复商讨，总结和背诵。根据这个国家的教育理念，英语用语是要很慎重的。

例如：当一个学生打断你的讲解，向你发问，而且这种行为已经破坏了课堂纪律，教师需要直截了当地告诉学生“wait, I am explaining, listen!”（等一下，我正在解释，你听着!）当学生不听讲解，你要制止他们时，正确用语应该是 excuse me!（打扰一下!）且语气强烈，像 shut up（闭嘴）这样的词是不可以由老师说出的。

六、结束语

我们北京师范大学 2010 级 10 名汉语国际教育专业研究生志愿者，在跨文化背景下，从危机困惑到反思求变，从寻找对策到融入适应，每个人都在谋求自己的专业发展，也为汉语教学和中华文化推广做出了自己的贡献。我本人每周要跑遍 6 所学校，一边工作一边教学，一边收集研究资料，常常忙得焦头烂额，感到力不从心，个人记录的较多，相比收集同学资料较少，往往调查访谈同学的资料对我的资料作为佐证。本论文在个案的研究中，从教材创编、教学方法、课堂管理、语言沟通四个方面，总结了汉语教师志愿者较为成功的经验，也许能为后续新手教师解决跨文化背景下教学工作遇到的难题，快速适应海外中小学教学工作提供有益的参考和帮助，这就是我们期盼的结果。

参考文献：

[1] 黄雪锋（2012）国际文凭组织教师专业发展的研究，上海师范大学硕士学位论文。

[2] 江新、郝丽霞（2011）新手和熟手对外汉语教师实践性知识的研究，《语言教学与研究》第 2 期。

[3] 刘儒德（2005）建构主义：知识观、学习观、教学观，《人民教育》第 17 期。

[4] 刘阳（2008）新课改背景下农村中小学教师专业发展问题与对策研究，东北师范大学硕士学位论文。

[5] 卢乃桂 钟亚妮（2006）国际视野中的教师专业发展，《比较教育研究》第 2 期。

[6] 曾艳华（2011）教师专业成长积分制的实践探索，华中师范大学硕士学位论文。

[7] 张春瀛（2010）高校教师专业化成熟度测评体系构建研究，天津大学硕士学位论文。

[8] 张婕（2007）中小学教师教育技术培训课程评价研究，首都师范大学硕士学位论文。

作者简介：

李雁同，男，汉语国际教育专业，国家汉办英国曼彻斯特地区优秀汉语教师志愿者。

日本留学生学习汉语中出现的文化认识误区

杨初晓

华东师范大学对外汉语学院

内容摘要：中日文化交流最初是以中国为主体、中国文化为高势位，日本为客体、低势位，由中国单向地向日本传播文化。所以至今日本人的生活习俗里还有很多中国文化的烙印，日本语言和文化里留有很多中国古代文化的痕迹，到了近代以后，西方文化取代中国开始影响日本，从此日本的语言和文化与中国的关系渐行渐远。中日文化之间的关系也变成由中国输出到日本，转化为由日本输回中国的双向文化流动体系。现在，日本年轻人接受的是现代日本文化教育，对中日两国之间语言文化的渊源关系很陌生，日本留学生学习汉语过程中，对中国的一些文化习俗产生认识误区，对中国文化习俗中所体现出来的中国人的哲学精神世界不理解。这些认识误区和不理解，妨碍了日本留学生学好汉语，也影响他们汲取汉语言中的中国文化精髓。

关 键 词：汉语；中国文化；中国文化习俗

众所周知，中日两国的文化交流已有两千多年的历史。在古代，日本长时期大规模地学习和移植中国文化，日本向中国学习的内容在精神文化层面上，涉及思想、宗教、意识形态各个领域，其次是文学、艺术领域、最后是衣食住行及风俗习惯等方面，范围既广阔又深厚，内涵既丰富又多彩。中日文化交流最初是以中国为主体、中国文化为高势位，日本为客体、低势位，由中国单向地向日本传播文化。所以至今日本人的生活习俗里还有很多中国文化的烙印，日本语言和文化里留有很多中国古代文化的痕迹，到了近代以后，西方文化取代中国开始影响日本，从此日本的语言和文化与中国的关系渐行渐远。中日文化之间的关系也变成由中国输出到日本，转化为由日本输回中国的双向文化流动体系。

现在，日本年轻人接受的是现代日本文化教育，对中日两国之间语言文化的渊源关系很陌生，表现在日本留学生学习汉语过程中，对中国的一些文化习俗产生认识误区，对中国文化习俗中所体现出来的中国人的哲学精神世界不理解。这些认识误区和不理解，妨碍了日本留学生学好汉语，也影响他们汲取汉语言中的中国文化精髓。

对中国文化的认识误区首先表现在如何认识中国传统节日中的文化要素上。例如：如何看待端午节。日本也有端午节。日本平安时代（794—1192）的贵族阶层首先引进中国的端午节，后来，这个节日传入民间。江户时代，端午节的各项要素已经普遍存在于日本民间生活之中。日本端午节的主要习俗包括：吃粽子和柏叶饼；有些地区把菖蒲和艾蒿插在屋檐上，或放在房顶上；有些地区喝菖蒲酒，用菖蒲水沐浴。这些习俗的目的是消除引发疾病的神秘邪气。中国端午节习俗基本与日本一致。于是有日本留学生就认为“中国的端午节习俗跟日本一模一样”，甚至认为端午节由日本传到中国。其实中国的端午节还有与日本不同的习俗，有佩戴“香包”的习惯，就是将五种中药放入香包，佩挂在身上。农历的五月，植物葱茏、生意盎然、天气渐热、瘟疫易起、疾病易生、且百虫四处觅食、到处活动、毒虫易伤人，故称为“恶月”。佩戴香包是认为香包能驱除臭气、恶气、能杀毒虫、驱瘟疫，戴“香包”更能体现辟邪辟瘟是端午节的思想基础。

除一些与中国的端午节习俗相同之外，日本的端午节也有独特之处，即在阳历五月初五，也是男孩子的节日，有男孩的家庭要挂出鲤鱼旗，摆放武士玩偶，表示希望孩子未来能成为武士。而中国的端午节并不是男孩子的节日，有些日本留学生觉得诧异，他们不真正了解中国端午节形成的思想基础，只是从表面上看待中国端午节的民俗习惯和做法，简单地和日本对比。日本是在形式上学习了端午节习俗，而且部分理解端午节习俗的含义，没有深刻了解中国民俗节日与自然气候变化之间的关系。中国人在端午节采集百药制作香包、饮雄黄酒、吃角黍（粽子）、悬艾草、龙舟竞渡等习俗，说明中国人掌握天时四季的变化与地上动植物活动生长的规律，掌握瘟疫百病与天地运行变化的关系。这些节日不是单纯地吃吃、喝喝、玩玩、乐乐的事，传递的是一种对大自然敬畏、遵循自然规律、利用中草药等植物保护人生的一种人文关怀、以后中国又将纪念屈原与端午节联系起来，也是让人们在这特殊的节日回顾历史，缅怀这位伟大的爱国诗人，所以中国过端午节的目的和意义与日本的端午节有所不同，中国端午节的各项活动所传达的文化精神是中华民族的爱祖国、爱自然、爱人民的人文精神、这些人文精神才是传统节日的主体和灵魂。

刚来中国留学的日本学生，对公共交通上年轻让座给老年人的做法开始也不理解，在日本很少看到电车上有给老人让座的情况，因为这样做会暗示他们已经老了，日本老人不希望别人把他们看成老人。古代日本曾经有过“弃老风俗”，一般的老人在60岁以后就会被扔到深山中，孤独地死去，这样做是为了节省珍贵的粮食。而中华民族历史上历尽无数次战争和自然灾害，非但没有形成所谓的抛弃老人的“风俗”，反而形成孝敬老人的传统文化。今天孝敬老人和赡养老人不仅写进了法律而且成为中国百姓的共识，很多人也身体力行，由此留学生就不难理解为什么中国设置敬老节。

在汉语言中，有些表达方式也是体现中国人的敬老文化，如在姓氏之前加上“老”字，称呼“老王”“老李”都有尊敬之意。中国人见到老人也常说“您年龄这么大了，看起来还很年轻”之类的奉承话，在日本留学生看来也难于理解。他们认为这是暗示“已经这么老了，应该回家安度晚年”。中国的传统文化强调敬老爱幼，很多中国老人在退休后，帮助子女照顾儿孙，忙得不亦乐乎。在日本基本上看不到爷爷奶奶带着小孙子到处玩耍的景象，也不会出现爷爷和姥姥家争夺孙子的情况。有些日本留学生一方面羡慕中国的老人晚年享受儿孙绕膝的乐趣，一方面也质疑中国的年轻人缺乏独立性。日本的年轻人在长大成人之后，离开父母家庭，靠自己挣来的钱生活、租房子、结婚和生子，啃老的现象不多见。在对待老人和孩子的态度和做法上，中日两国之间存在的差异，是日本留学生误解汉语言特殊表达的原因，有日本留学生说，我最不喜欢中国人叫我“老外”，反感“老”这个词。通过一段时间的学习以后，他们对汉语言中所表达的中国文化的理解误区得到了化解，不少日本留学生也学着在中国公共交通上给老年人让座。

一个民族的语言和行为上的禁忌和避讳往往是他们风俗习惯、宗教信仰和传统文化的反映。禁忌是一种非常古老的文化现象，它代表了人类认识世界的方式，同时又是他们形成文化观念，构筑自己精神世界的形式。日本人的许多禁忌和避讳一部分是受中国文化的影响，一部分是基于日本本土的风俗习惯和传统。如“死”这个词，日本人不仅忌讳“死”这个词，就连与“死”谐音的“4”也遭到忌讳。在日本的停车场里没有“4”编号的停车位。在中国，忌讳和避讳也渗透在生活的方方面面，人们虽然觉得不应该完全相信它，但是在生活、工作和人际交往中还是尽可能避开。我们有些对外汉语教科书中介绍了一些这方面的文化习俗，如在中国不能给老人送“钟”之类的礼物，坐船的时候忌言与“翻船”有关或同音的词语，中国人也忌言“死”字。《礼记曲礼》记载：“天子死曰崩，诸侯曰薨，大夫曰卒，士曰不禄，庶人曰死”，在现实生活中一般百姓也忌言“死”字，在今天人们常把“死”称作：去世、牺牲、长眠等，不愿直言“死”字。汉语里有大量可以代替“死”字意思的词汇，学习这些词汇时要向学生介绍中国这方面的禁忌习俗。中日两国都禁忌“死”字的习俗，是出于人类热爱生命、珍惜生命、恐惧死亡的本能，禁忌“死亡”是人类的一种自然心态。汉语里禁忌“死”这个词或同音词，是产生于传统的“说凶即凶、说祸即祸”的畏惧心理。趋吉避凶体现了中国人向往幸福祥和，追求安宁恬适的正常情感，折射出中国人固有的价值观念，思维方式及审美情趣。日本学生比较能理解这种禁忌，但是还是有一些禁忌日本留学生不能理解。如日本人赠送礼品时，数目一般为奇数，不喜欢偶数，他们认为奇数不可分开，而中国人喜欢偶数，认为成双成对表现吉祥。又如“7”这个数字在欧美文化里是象征着获胜的好数字，日本留学生也崇拜“7”这个数字。在中国“7”这个数字不算吉利数字，人死后要做“7”，“7”又是奇数，对它没有任何好感。又如：在日语里“9”与“苦”谐音，日本人忌讳在车牌号等事项上使用“9”数字，而汉语的“久”字与“9”谐音，为此中国人却喜欢“9”这个数字，百岁老人说自己是99岁，企求长寿不老，年轻人送恋人99朵或999朵玫瑰，希望爱情天长地久。中国的文化风俗不仅仅是裸露在社会生活表层的现象，它也折射着历史与现实、物质与观念、道德与法律的变革，积淀着中国人的高度智慧、高超技艺和高尚品德。

日本留学生看中国文化多从受欧美文化影响的现代日本文化的角度

出发。中日两国文化的异同有时使日本留学生对中国文化，既感到亲切又感到陌生，当他们看到中国的一些文化习俗和他们相近时，就表现出很能接受，不同时他们就常问“为什么?”，表示难以理解，甚至摆出高高在上的姿态，认为自己的习俗接近西方，优越于中国。

中国的许多禁忌是因语词谐音相关而引起的，这种中国人特殊的言语习惯是建立在汉字这种表意文字体系上的，因为汉语中存在大量的谐音词，以致人们把语词的音义与判断吉凶联系起来，在言语行为中特别注重避免使用凶音恶词，这种特征都是由于中国特定的文化环境影响而形成的。中国文化中的禁忌是一种复杂的文化现象，随着社会的进化，有些禁忌演化成政治制度、法律条文，也有的自然形成为一种不成文的习惯性法则，起着对社会团体各个成员的行为进行自发的调节和约束作用。日本人的禁忌有与语词谐音相关的，也有受西方文化影响的，前者与中国的禁忌有较多的相同之处，后者与中国的禁忌大相径庭。虽然日本留学生的主要任务是学习汉语，但是学习语言的过程中必然接触中国文化习俗，由于中日两国在文化交流上有过中断。近代西方文化对日本的影响大于中国，所以日本留学生对中国的文化习俗产生认识误区在所难免。纠正误区，传达正确的信息，一方面有利于他们更好地掌握汉语言，一方面也是让他们更多地了解中国文化习俗，了解中国人在生活习俗中所表现出来的个性特征，价值尺度、思维方式、道德标准、审美观念，这些中国文化习俗能反映中国传统文化的深刻内涵，通过它能更加直观而准确地把握一个民族的文化。使他们能够在了解中国的文化习俗过程中领略到中国人生生不息的精神和征服自然的顽强信念，领略到中国人在文化习俗中寄托的对幸福吉祥、平安如意的美好生活的向往。

作者简介：

杨初晓，华东师范大学对外汉语学院副教授、博士。

对境外《中国文化》课程讲授内容及方法的几点思考

张兢田

同济大学外国语学院

内容提要：在未受汉文化影响的境外讲授《中国文化》课程与在国内给留学生开设该门课有许多不同之处。由于学生的学习动力、语言基础、教师的授课环境与国内相比均产生了较大的变化，在境外开设《中国文化》课程的教师面临着更大的压力与挑战。因此教师需从内容切入、素材筛选、授课方式、心态调整等多方面着手，力求在有限的时间内将中华民族博大精深的文化最大限度地有效传播出去。本文结合作者在美国路易斯安那州立大学讲授《中国文化》课程的教学体会，探讨境外讲授《中国文化》课程时对授课内容及方法的处理。

关 键 词：对外汉语教学；中国文化；境外教学；内容；方法

一、引 言

进入二十一世纪以来，随着我国综合经济实力与国际影响力的不断提高，中国在国际舞台上也扮演着越来越重要的角色，世界了解中国的愿望随着“中国热”的不断升温而与日俱增。据统计，截至 2011 年底，中国国家汉办已在 105 个国家建立了 358 所孔子学院和 500 个中小学孔子课堂，注册学员达到 50 万人，这其中还不包括高校、企业等以合作项目方式对中国语言与文化的专题学习。美联邦教育部的一项调研结果显示，全美 27500 所初、高中学校至少教授一门外语，而教授中文的比例从 1997 年的 1% 升至 2008 年的 4%。2005 年至今，美国有 90 多所孔子学院相继建成，是世界上孔子学院最多的国家。

在中国文化传播显示出巨大魅力的时代，我们的确应把握好时机，将中华民族五千年孕育着无穷智慧和独特精粹的文化传播到世界各地，不仅让世界了解一个古老而神秘的东方古国，更要使世界认识一个勤奋而富有朝气的当代中国。然而，传播中国文化的道路并非那么轻松平坦，尤其是在并不了解中国的境外条件下，中国教师将会面临更大的压力与挑战。如何消除误解、去掉偏见、准确恰当地传播中国文化，让世界更好地了解中国，是每一位对外汉语工作者必须深思的问题。本文结合作者在美国路易斯安那州立大学讲授《中国文化》课程的教学体会，从内容切入、素材筛选、授课方式、心态调整等几方面探讨境外讲授《中国文化》课程时对授课内容及方法的处理。

二、境内外授课环境的区别

境外文化环境下讲授《中国文化》课程同在国内环境下讲授该课程有显著的区别。

首先，境外环境与中国文化差距较大。一般说来，境外文化可分为受汉文化影响和未受汉文化影响两种情况。前者包括地域与中国邻近或历史上受到中国文化较多影响的国度，如日本、韩国、马来西亚、菲律宾、越南等国家，它们在文化上和中国有不少共同点。对这些国家的学生，教师在授课过程中可省略相同的背景知识介绍，而着重放在其他需帮助学生理解的方面。而对于未受汉文化影响的学生，由于他们在宗教信仰、生活习俗和价值观念等方面和我们均有很大不同，这就需要教师帮助学生找到易于让他们接受的方式，更好地了解和掌握中国文化的精髓。虽然互联网可以增加沟通的渠道，但置身其中与置身世外毕竟有天壤之别。在国外认为是不可思议的事物如果能身临其境地体会一番，也许就容易理解了。

其次，学生的学习动力不同。来华的留学生远赴重洋，有明确的学习汉语及中国文化的目的和动力，希望有朝一日在中国的学习能为他们今后的学习生活起到积极的作用，因此会在学习过程中表现出一定的主动性。而境外选修中国文化的学生往往对中国这个神秘的东方古国怀有一些好奇和疑惑，希望借助一门课程的学习开启了解中国的一扇门。学生虽然具有了解中国文化的兴趣，但学习的压力和动力明显比来华的留学生要小得多。因此在国内布置下去的任务留学生们可以认真地完成，但在境外环境下大量的作业就变得不现实了。

再次，学生的汉语基础不同。来华的留学生通常是先学习汉语，在语言学习的过程中渗透地学习中国文化。有语言基础的文化学习相对易于学员的理解和吸收。而在在境外开设《中国文化》课的情形可能截然不同。由于受课时和项目类别的限制，《中国文化》课程的开设未必与汉语基础课程衔接过渡。在缺乏汉语语言基础的条件下，对中国文化知之甚少学生很难在短时间内准确理解中国文化的精髓，因此这对教师就提出了更高的要求。

此外，教师授课的环境不同。在本土针对海外留学生讲授《中国文化》课时，教师以东道主的身份传道、授业、解惑。而在境外授课的教师身处异乡，向主流文化的人群传播非主流文化的内容。尤其是当主流文化对中国文化并不了解，甚至由于舆论导向的原因充满对中国文化的疑惑和误解之时，教师面临的巨大挑战可想而知。笔者曾在美国给本科生第一次教授《中国文化》课时就遇到过学生拿着高行健的《一个人的圣经》很认真地问我其中关于文化大革命的描写是不是真的。

因此，作为对外文化的传播者，我们必须意识到在境外，尤其是在未受汉文化影响的异国他乡讲授《中国文化》课程时，由于学生的学习动力、语言基础、教师的授课环境与国内相比均产生了较大的变化，因此授课教师在教学过程中必然会面临着更大的压力与挑战。接下来笔者将结合亲身经历谈谈如何从授课内容、素材选取、授课方式、心态调整等方面更好地提高《中国文化》课程的授课效果。

三、合理选择授课内容

五千年的历史积淀孕育出灿烂多姿的中华文明。中国文化博大精深，仅传统文化可以作为授课内容的就已极为丰富，如儒道思想、医学知识、汉字底蕴、书画艺术、民风民俗等。除了这些具有传统中国标签的内容，还有大量的有关中国当代经济发展、道德观念、社会热点、政治宗教等学生急切要了解的方面也需纳入教学大纲。从理论上讲，文化包含三个方面：精神生活方面，如宗教信仰、哲学思想、审美情趣等；社会生活方面，如社会伦理习惯、政治制度、基本经济关系等；物质生活层面，如服饰、饮食习惯、工艺技术等。（梁漱溟，1996）因此如何在有限的时间内恰当地穿插讲解这些内容，使学生可以在短时间内最大限度地了解中国文化的精华，已成为我们每位教师精心思考的问题。

（一）选取合适的切入点

由于环境的巨大差异以及可能存在的一些先入为主的负面信息，笔者认为教师选择无争议、非敏感且学生感兴趣的问题作为切入点开始中国文化的讲解会有助于课程的顺利开始。诸如书法、饮食、服饰等极具民族特色的客观介绍，可以在回避冲突的同时，引起学生对中国文化的极大兴趣。兴趣是学生学习的源动力，也是提高学习积极性和学习质量的重要推动因素。因此教师要抓紧一切时机调动学生的学习兴趣，第一节课便是极佳时机。作者在美国路易斯安娜州立大学为荣誉学院（Hornors School）的本科生讲授《中国文化》课，便尝试从汉字文化的讲解入手。

汉字作为表意文字，与拼音文字迥然不同。它除了呈现出文字应有的音义外，也体现了我们的祖先在造字之初的意图以及对世间万物的看法。由于学生此前并无汉字基础，因此第一节课我让学生首先形象感知某些汉字的甲骨文字形，再深入理解汉字的构成特点、写作规范。通过这样的介绍，让美国学生了解了一种与拼音文字完全不同的“因形示义，意寓形中”的文字。三“木”成“森”；“人”靠在“木”边就是休息的“休”等，都融入了中国传统思维方式和审美观点。

实际上，这种适应汉字特点教学方法本身就是中国文化传统的一部分。我国古代的识字课本就已将每个楷体字的下面附上一个象形或会意式的古汉字，目的是使学习者一看到这些古体字就能大体知道该字的字义，一看就能明白相应的楷体字的由来，如宋元时期出现的世界上最早的图文对照课本《对相识字》就已有这样的成功经验。（唐娟，2007）通过强烈文化对比的切入方式对激发学生的学习热情有着极好的推动作用。

（二）宣传科学、健康的文化

一种文化无论多么瑰丽灿烂，在漫长的历史发展过程中，都不可避免地沾染上一些消极因素。中国文化承载着中华儿女的骄傲，但在对外宣传时我们每一位传播者都有责任、有义务本着科学、客观的态度去其糟粕，取其精华。例如武术文化中大家常常接触到的气功的功效，功夫的境界等可能被某些别有用心的人或艺术夸张的文艺作品非科学地宣传了其效果。如果我们不加思考地拿来作为授课内容，会使历来深受科学方法论影响的美国学生贻笑大方甚至嗤之以鼻。一旦出现了对授课内容本身的信任危机，接下来教师将处于非常被动的地位。

同样，对中医中药、建筑风水等文化因素的宣传也应持客观、科学的态度。一旦宣传过度，甚至出现迷信色彩，就会使一些本已在东西方文化冲突夹缝中生存的优秀中国元素无法散发出其应有魅力。反之，若能够恰当地预见学生的理解程度，找到其可以接受的沟通方式，我们的璀璨文化便可大放异彩。笔者曾在介绍中国的“风水”问题时，讲解了中国人喜朝南正房，房间采光通风良好的传统，与之相对的是美国人一年四季靠空调生活的事实，结果学生大赞我们做法的科学与环保，甚至有学生当场表示要在自家改造时提出“风水”建议。

因此，我们应该“从当代中国社会现实，从中国人的生活中去寻找延续至今的古代文化，去发现当代中国吸收的外来文化，去概括当代中国发展的新文化”（李泉，2011）。作为中国文化的传播者，我们在吸取继承、发扬光大宝贵民族传统文化的同时，也要警惕、批判某些糟粕的部分，用科学的方式、客观的态度，将中国文化可以造福世人的成分广泛地传播出去。

四、精心安排授课形式

（一）时刻抓住学生兴趣，提高学生的参与度

笔者 2007 年在路易斯安娜州立大学讲授《中国文化》课程时的授课对象是荣誉学院不同年级的本科生。由于当时国内适合英语国家的《中国文化》英文版教材尚不多，因此曾根据当时已有的几种参考版本已及国内外相关网站的内容做过内容上的重新安排，并按照国际惯例，在正式开始授课之前，将教学大纲及上安排（syllabus）上传至学校网站，供学生选课参考。虽然事先已有每节课明确的授课内容主线，但在细节安排上，教师还是应该力求做到授课形式多样，并不失时机地抓住学生的兴趣，及时输送中国文化的相关信息。

学生学习兴趣的提高有助于减少学习时的枯燥气氛和畏难情绪，让学生更好、更牢地掌握所学知识。因此，通过良好的参与互动来激发学生的学习兴趣在提高中国文化的宣传效果有着不可小觑的作用。当然，教学活动是双向的，教师的精心准备、饱满热情、耐心和爱心会对教学效果产生巨大影响。因此，教师应该在教学过程中与学生达到情感交融，配合默契，以最大限度地提高教学效果。

笔者曾在讲饮食习惯时请学生到我的宿舍一边看着我在厨房做饭，一边聊相关的风俗、习惯，最后还一起共进晚餐。当时不仅最受欢迎的宫保鸡丁被吃得干干净净，就连麻辣豆腐之类的西方人不大习惯的口味也都被全盘扫荡。教师要对每一次学生参与的过程的每一个环节从宏观到微观把握和处理，并逐步积累经验，提高教学效果。

（二）勇于面对不同观点

美国以其独立精神、民主言论著称于世。由于学生处在与中国截然不同的文化环境中，因此他们对于中国文化感到陌生是完全正常的。加之有些新闻媒体及部分反华势力偏激、负面的报道使得很多学生对中国这个遥远、神秘的国度产生很大的距离感。面对学生心中存在的疑问，政治的、宗教的、历史的等等尖锐的甚至是尖刻的问题，避而不谈实不足取，敷衍了事也并非上策。

我们要理解学生的疑问，他们毕竟生活在一个与中国完全不同的世界中，提出的问题的确是他们心中的迷惑，而解决疑问、消除误解也正是我们在境外开设这门课程的重要目的之一。巨大的文化差异很容易引起文化冲突，我们需要做的是在赢得学生的理解与尊重的基础上使学生也能够调整姿态并了解、理解这些不同。文化的传播者要充分利用“文化外交”的“柔性”和“渗透性”，大力传播中国“开放”“包容”等特质，让世界公众领略中华民族“平和开放”的博大胸襟，进一步塑造起中国良好国际形象。（吴友富，2009）

总之，作为中国文化的传播使者，我们不仅要向海外人士展示中国的独具特色之处，更肩负着加强沟通、消除误解、建立信任、赢得尊重的神圣使命。在境外讲授《中国文化》的过程，我们应该采用恰当的方式，选取合适的内容，积极正面地宣传中国文化，适时、巧妙地消除非汉语文化环境对我国文化的抵触和误解，宣传我国传统的优良文化以及改革开放后蓬勃发展的和谐社会现状，减少异域文化带来的文化误读。当然，做好文化的传播者并非易事。它不仅要求教师不仅要精通外语，对中外历史文化都有相当高的修养，还要有海纳百川的胸怀以及强烈的爱国热情及使命感，否则难以胜任境外工作带来的巨大压力与挑战。但只要我们心中时刻牢记自己肩负的重任，本着宽容理解、尊重差异的原则，就一定可以在东西方文化之间找到一条彼此信任理解的坦途。

参考文献：

[1] 李泉（2011）文化内容呈现方式与呈现心态，《世界汉语教学》第3期。
[2] 梁漱溟（1996）《中国人：社会与人生——梁漱溟文选（上）》，北京：中国文联出版公司。
[3] 唐娟（2007）论汉字的特点与对外汉语汉字教学，《文教资料》第8期。
[4] 王熙（2012）对外汉语教学中的中国文化建构，《教育学报》第3期。
[5] 吴友富（2009）对外文化传播与中国国家形象塑造，《国际观察》第1期。

作者简介：

张兢田，女，博士，同济大学外国语学院讲师。研究方向：语用学，功能语言学，对外汉语教学。

从外国学生汉语学习动机看汉语国际传播

孙永红　徐向东

长春大学　吉林省教育科学院

内容提要：本项研究在简述汉语国际传播概况的基础上，以欧盟成员国保加利亚为个案研究对象，通过定量研究，分析了百余名学习者的汉语学习动机，并据此就汉语国际传播的有关问题，提出有针对性的建议，以期更为有效和迅速地传播汉语乃至中国文化。

关 键 词：汉语学习者；汉语学习动机；汉语国际传播

一、汉语国际传播发展概况

语言是国家综合国力的因素之一。世界上发达国家的语言传播，为树立其在世界上的政治经济地位起到了促进和推动作用。汉语作为体现中国综合国力的因素，是实现民族复兴伟业的有力工具，汉语目前正在以令人惊叹的速度在世界范围内广泛传播。[①]

汉语走向世界的过程中，经历了“对外汉语教学”“汉语国际推广”“汉语国际传播”三个不同概念，为了和汉语国际传播相对应，以下行文均称为国际汉语教学。[②] 汉语国际传播主要以汉语国际教学为主。汉语国际教学包括在中国境内对外国留学生开展的汉语教学和中国境外对别国学生开展的汉语教学。

（一）国际汉语教学起步阶段发展状况

新中国的汉语国际教学主要是以请进来的传播方式开始的，它以

---

① 许嘉璐（2008）汉语国际传播的力量令人惊叹，http：//news. xinhuanet. com/newscenter/2008－12/17/content_ 10515290. htm。

② 王路江（2003）、吴应辉（2010）等都曾专题论述过国际汉语教学这一概念。

1950年7月清华大学成立“东欧交换生中国语文进修班”为标志，至今已60余载。该班共有33名东欧留学生，6名教师。（吕必松，1990）因院系调整，该班后来转入北京大学学习。此后，广西桂林中国语文专修学校、北京外国语学院等学校都以请进来的方式开展了汉语教学。至20世纪60年代初，我国共接收来自65个国家的留学生3315人。此间，1952年，根据中国和保加利亚两国政府协议，我国向保加利亚派遣了第一名汉语教师朱德熙教授，他成为新中国成立后第一位国际汉语教学使者，为汉语在保加利亚的高质高效传播做出了卓越贡献。[①] 总体说来，这一期间的汉语国际传播主要以国际汉语教学为主要传播途径，传播形式有限，传播受众——留学生人数少，国别有限；传播主体——汉语教师队伍人员少，经验有限。

为了加强汉语国际传播速度，中国国际广播电台于1962年在英语和日语广播节目中开办了“学中国话”和“汉语讲座”等栏目，扩大了汉语国际传播途径，加快了国际传播速度。为了培养汉语师资，1965年暑假北京语言学院举办了第一批汉语教师培训班，提升汉语教师素质，提高汉语教学质量。直至1966年因众所周知的政治原因，高校全都停课，不再招收外国留学生。

（二）国际汉语教学恢复阶段发展状况

20世纪70年代后，随着中国在外交上取得了胜利，国际汉语教学这一以请进来为主要方式的汉语国际传播形式重新开始。北京语言学院成立了编辑研究部，它是我国第一个编写汉语教学和研究汉语教学的专门机构。北京大学、复旦大学等也相应地成立了汉语教学机构。1972年至1977年共接收留学生2266名。1978年至1988年共接收130多个国家的长短期留学生共46938名。这一期间的汉语国际传播受众人数增加，国别增多；传播主体汉语教师不足，教师队伍不够稳定。

（三）国际汉语教学发展阶段发展状况

随着中国经济的飞速发展，政治地位的不断提高，国际汉语教学的地位也得以日益提升，国家的高度重视，系列举措的出台，加快了国际汉语教学这一主要传播形式的传播力度和速度。1983年对外汉语教学

① 吕必松（1990：1）、董淑慧（2005：15）、张纪艳（2009：6－7）、孙永红（2012：199）。

这一学科名称正式提出。（王路江，2003）对外汉语教学即指对外国学生的汉语教学。1987 年世界汉语教学学会成立，它的宗旨是促进教学和研究的国际交流与合作，推进世界汉语教学的研究与发展，增进和发展各国人民之间的相互了解和合作。世界汉语教学学会的成立标志着汉语国际传播的规模增强和扩大。同年成立的国家对外汉语教学领导小组，现名为国家汉办/孔子学院总部，又将汉语国际传播提高到国家和民族事业这一更高的视阈上来。至此，汉语国际传播有组织、有计划、有规模地开展起来。它由以往的“请进来”这种单一传播方式转向既“请进来”又“传出去”的双向传播方式。此后 20 余年间，尤其是近 10 年间，汉语国际教学这一主要汉语国际传播重要途径在世界范围内飞速发展。仅以旨在开展汉语教学、促进中外教育与文化等方面交流与合作的孔子学院和孔子课堂为例，自 2004 年 11 月 21 日全球第一所孔子学院在韩国首尔正式挂牌以来，在全世界 110 个国家和地区，设有 420 所孔子学院及 550 多个孔子课堂。世界上还有 400 多所大学强烈申请设立孔子学院。（王永利，2003）国家汉办向亚、欧、美、非、大洋五大洲 89 个国家派出 1 万余名志愿者。① 100 多个国家，3000 多所大学开设了汉语课程。②

2013 年 3 月《孔子学院发展规划》（2012—2020 年）又明确指出，到 2015 年，全球孔子学院将达到 500 所，中小学孔子课堂达到 1000 个，学员达到 150 万人，其中孔子学院（课堂）面授学员 100 万人，网络孔子学院注册学员 50 万人。专兼职合格教师达到 5 万人，其中，中方派出 2 万人，各国本土聘用 3 万人（《光明日报》）。此发展规划显示，以国际汉语教学为主的汉语国际传播力度和幅度还会以惊人速度发展。

二、外国学生汉语学习动机典型调查

世界范围内越来越多的外国人渴望学习汉语，国家也将孔子学院和

① 孔子学院总部网站，汉语教师志愿者项目介绍，http：//www. hanban. edu. cn/volunteers/node_9654. htm。

② 吴应辉（2010）孔子学院经营模式类型与可持续发展，《中国高教研究》第 2 期。

孔子课堂学员人数设定为到 2015 年达到 150 万人。为了使汉语在国际上得以有效和快速地传播，有必要了解学习者汉语学习动机，因为汉语学习动机是直接引发和推动学习者学习汉语的内在动力，它将极大地调动学习者的汉语学习兴趣，推进汉语教学的发展，使得汉语国际传播具有实效性和针对性。

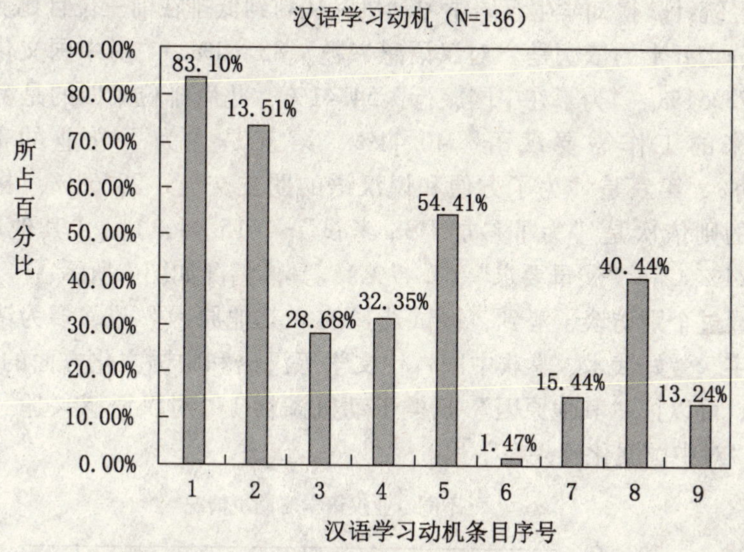

图1　学生汉语学习动机

欧盟成员国之一保加利亚是新中国成立以后第二个与中国建交的国家。从国际视阈来看，汉语在保加利亚的传播排名较前，历史较久，效果较好，而且从国家的整体发展水平来看，处于一般的水平，具有一定的代表性。因此，本研究把保加利亚的学生作为研究对象，开展了汉语学习动机问卷典型调查。调查问卷由三部分组成：第一部分是指导语，说明调查目的和答题方法；第二部分是学习动机调查；第三部分是被试基本情况。调查结束后，又结合问卷进行了个别访谈。参加调查的被试均为在保加利亚学习汉语的非华裔大学生。汉语水平包含初级、中级和高级三种程度。所有被试以符号形式选取了属于自己汉语学习动机的条目。汉语学习动机共由 9 个条目组成，依次是：1. 对汉语感兴趣；2. 对中国文化感兴趣；3. 为了方便和说汉语的朋友交流；4. 为了学业的需要；5. 为了在中国旅行；6. 父母要求；7. 为了参加 HSK 考试；8. 现在或将来的工作需要汉语；9. 其他原因。共收回 136 份问卷，其中男生 40 名，女生 96 名，平均年龄 21 岁。被试有汉语专业的学生 48 名，汉语作为外语专业的学生 27 名，汉语作为选修课专业的学生 61 名。调查数据经统计计算得出。

经统计，得知学生汉语学习动机，从高到低排在前三位且比例均超过百分之五十的依次是“对汉语感兴趣”83.10%、“对中国文化感兴趣”73.51%、“为了在中国旅行”54.41%，此后排位第四的是“现在或将来的工作需要汉语”40.44%，第五是“为了学业的需要”32.35%，第六是“为了方便和说汉语的朋友交流”28.68%。排在后三位的则依次是“为了参加 HSK 考试”（15.44%），“其他原因”（13.24%）和“父母要求”（1.47%）。具体情况如图 1 所示：

通过个别访谈了解到，被试选择的“其他原因”里，多为诸如喜爱汉字、爱好武术、喜欢中国古代文学等汉语和中国文化方面的原因。所以，可以把“其他原因”归类于动机条目 1“对汉语感兴趣”和条目 2“对中国文化感兴趣”里。

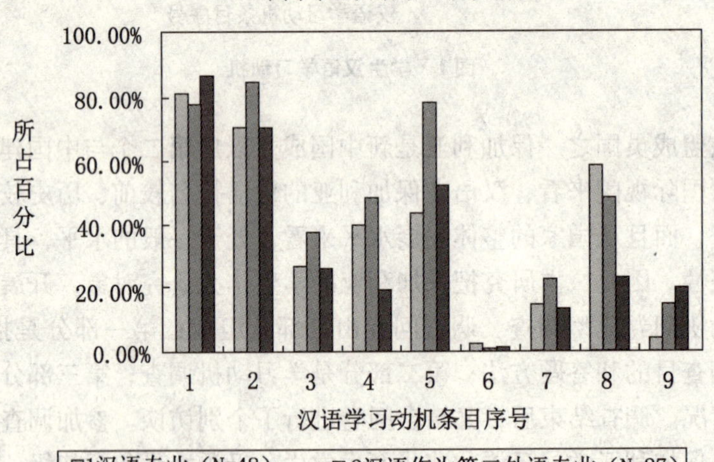

图 2　不同专业汉语学习动机情况

经过对三种不同专业学生汉语学习动机的分析，得知他们在汉语学习动机情况（如图2），经过卡方检验，得出 $\chi^2=14.811$，$df=12$，$p=0.252$，这说明三种不同专业学生选择汉语学习动机的结构基本一致，没有显著差异。

三、汉语国际传播对策

在汉语国际传播日益兴盛的情况下，结合学习者汉语学习动机调查结果，提出汉语国际传播对策如下：

（一）以汉语和中国文化为核心，提升汉语国际传播吸引力

调查结果显示，外国学生汉语学习动机排名最高的是“对汉语感兴趣”“对中国文化感兴趣”。李建军和韩明杰（2012）指出，语言传播与文化传播等都是汉语国际传播的核心概念。所以，应加强汉语传播和中国文化传播。马庆株（2007）强调，汉语理据性强、变体少、分析性强。数词最好，由大至小的范围原则贯彻得非常彻底，容易学，口语几个月就能学会。所以，在汉语国际传播中要大力宣传和发挥汉语的优势，让外国学生充分认识、理解、发挥汉语的优势，改变汉语难学这一认识，排解学习者的畏难情绪。同时，宣传介绍多种形式的中国文化，吸引学生，保持学生学习热情，使得汉语国际传播做到可持续发展。

（二）提高对外汉语师资水平，提升汉语国际传播的声望

创办孔子学院、选派国际汉语教师、开展国际汉语教学，是汉语国际传播的重要方式，而这些工作做得好还是不好，国际汉语教师是最活跃、最积极的决定性因素。国际汉语教师群体的素质和形象，很大程度上影响了汉语国际传播的声望。因此，要大力加强国际汉语教师的培养和提高，站在全球化背景下提高汉语教师素质。（孙永红，2007）正如周士宏（2009）指出的，师资培养是汉语国际推广的重要问题，师资培养才能保证汉语国际推广事业的健康持续发展。一要加强对汉语的学习规律、汉语的魅力、汉语优势的培训，使教师能够在教学中展示汉语的魅力，不断激发外国学生的汉语学习兴趣，保持汉语学习热情。二要大力加强中国文化的培训，使教师具有较宽厚的中国文化底蕴，在国际

汉语教学中自然渗透中国文化，学生学习汉语与了解中国文化相辅相成，互相促进，保持和增强外国学生对中国文化的兴趣。

（三）以汉语和中国文化为支撑，深化国际汉语课程和教学改革

“对汉语感兴趣”“对中国文化感兴趣”在外国学生学汉语的动机中排前两位，这要求我们的国际汉语课程内容一定要深化改革，多层次、多维度地彰显汉语的优势和中国文化的魅力。同时，要深化对国际汉语教学方式方法的改革，探索出能够展示汉语风貌、具有中国文化特色的、让外国学生喜闻乐见的对外汉语教学方式、教学策略（孙永红 徐向东，2008）和方法体系，使汉语国际传播在课程内容和教学方式方法上产生很大的吸引力，这将成为推动汉语国际传播的可持续的资源和动力。

（四）以开展多种形式活动为手段，增强汉语国际传播的活力

实践证明，开展“汉语桥”比赛、组织 HSK 汉语水平考试、选拔学生来华短期交流等多种形式的活动，极大地激发了广大外国学生了解汉语、学习汉语的热情，也是很多外国学生接触汉语、学习汉语的重要导向性因素。因此，要继续开展好现有的、成型的对外汉语活动项目，并且要不断提高质量、提高声誉，扩大规模、扩大影响。同时要勇于创新，开发出更多更好的汉语活动项目，使汉语国际传播充满生机和活力。

参考文献：

[1] 董淑慧（2005）《保加利亚汉语教学五十年》，索非亚：保加利亚玉石出版社。

[2]《孔子学院发展规划》（2012—2020 年）2013 年 2 月 28 日，《光明日报》。

[3] 李建军 韩明杰（2009）汉语国际传播的核心概念及问题辨析，《当代传播》第 5 期。

[4] 吕必松（1990）《对外汉语教学发展概要》，北京：北京语言学院出版社。

[5] 马庆株（2007）汉语国际传播需要创新思维，《云南师范大学学报》（对外汉语教学与研究版）第 6 期。

[6] 孙永红（2007）全球化背景下对外汉语教师的素质，《现代教育科学高教研究》第6期。
[7] 孙永红、徐向东（2008）非目的语环境下汉语专业学历教育教学策略研究，《现代教育科学高教研究》第6期。
[8] 王路江（2003）从对外汉语教学到国际汉语教学全球化时代的汉语传播趋势，《世界汉语教学》第3期。
[9] 王永利（2003）孔子学院独具魅力发展潜力大，http：//www.shihan.edu.cn/articles/103834。
[10] 吴应辉（2010）国际汉语教学学科建设及汉语国际传播研究探讨，《语言文字与应用》第3期。
[11] 吴晶、赵超（2008）许嘉璐：汉语国际传播的力量令人惊叹，新华网，http：//news.xinhuanet.com/newscenter/2008－12/17/content_10515290.htm。
[12] 张纪艳（2009）保加利亚中学汉语教学现状调查研究，北京语言大学硕士学位论文。
[13] 周士宏（2009）汉语国际传播师资问题初论，《暨南大学学报》（哲学社会学版）第1期。
[14] 孙永红（2012）保加利亚学生汉语学习策略研究，Applied Chinese Language Studies III. London.

作者简介：

孙永红，博士，曾被国家教育部公派到保加利亚索非亚大学汉语专业任教四年。主要研究方向为语言教育。

徐向东，副研究员，曾在保加利亚从事过汉语教学教研工作。研究方向为语文教育和教育评价。